书山有路勤为径，优质资源伴你行
注册世纪波学院会员，享精品图书增值服务

重要的事情
说3点

简单的思考结构
助你成为沟通达人

（修订本）

[日] 八幡纮芦史 著

王荣 译

结构思考力学院 审校

电子工业出版社·
Publishing House of Electronics Industry
北京·**BEIJING**

HANASHIBETA DEMO 100% TSUTAWARU "3" NO HOSOKU
by HIROSHI YAHATA
Copyright © 2015 HIROSHI YAHATA
Chinese (in simplified character only) translation copyright © 2021 by Publishing
House of Electronics Industry
All rights reserved.
Original Japanese language edition published by Diamond, Inc.
Chinese (in simplified character only) translation rights arranged with Diamond, Inc.
through BARDON-CHINESE MEDIA AGENCY.

本书中文简体字版经由 Diamond, Inc.授权电子工业出版社独家出版发行。
未经书面许可，不得以任何方式抄袭、复制或节录本书中的任何内容。

版权贸易合同登记号　图字：01-2016-2146

图书在版编目（CIP）数据

重要的事情说 3 点：简单的思考结构助你成为沟通达人 /（日）八幡纮芦
史著；王荣译. —修订本. —北京：电子工业出版社，2021.5
ISBN 978-7-121-41126-7

Ⅰ . ①重… Ⅱ . ①八… ②王… Ⅲ . ①心理交往－通俗读物 Ⅳ . ①
C912.11-49

中国版本图书馆 CIP 数据核字(2021)第 081728 号

责任编辑：杨洪军
印　　刷：北京捷迅佳彩印刷有限公司
装　　订：北京捷迅佳彩印刷有限公司
出版发行：电子工业出版社
　　　　　北京市海淀区万寿路 173 信箱　邮编 100036
开　　本：880×1230　1/32　印张：6.25　字数：140 千字
版　　次：2016 年 4 月第 1 版
　　　　　2021 年 5 月第 2 版
印　　次：2024 年 7 月第 3 次印刷
定　　价：49.00 元

凡所购买电子工业出版社图书有缺损问题，请向购买书店调换。若书店售
缺，请与本社发行部联系，联系及邮购电话：（010）88254888，88258888。
质量投诉请发邮件至 zlts@phei.com.cn，盗版侵权举报请发邮件至
dbqq@phei.com.cn。
本书咨询联系方式：（010）88254199，sjb@phei.com.cn。

推荐序

大道至简：最简单的思考结构"3"，让思考更清晰、表达更有力

▎擅长清晰表达的人，一定擅长结构思考

观察一下身边有没有这样的领导或同事，只要开会发言他就敢说："关于这事，我有以下 3 点看法……"在读本书之前，你可能没太在意，只觉得他说话条理性强而已。那么，看完本书之后，你可能要高看他一眼了。为什么？因为他可以这样条理清晰地说话，一定具备快速的分类、归纳和整理能力，换句话说，就是结构思考

力特别强。

你不信？轮到你发言时可以试试，你直接说"关于这事我有以下 3 点看法"，说完会有几种结果呢？

第一种情况是，正好有 3 点。

第二种情况是，说完 2 点就没了。你只能说："我再强调下第二点……"

第三种情况是，说完 3 点以后发现还有 2 点特别重要。你是说，还是不说？你只能说："我……那个……再补充 2 点……"

那个人开始说 3 点而且最后正好说了 3 点，看似简单的事情背后其实隐藏着非常强的结构思考力，换句话说，就是擅长清晰表达的人，一定是个擅长结构思考力的人。

| "3"是最简单、最直接、最有效的思考结构

结构思考力是当今时代所有人的必备技能。尤其在科技日新月异、变化几乎每天都在发生的今天，对于个人独立思考能力的需求更是空前的。我们每个人，几乎

每时每刻，都面临着选择和决策。

如果没有结构，我们的思维就很容易从一点"漂"到另一点，却总也无法得出一个有效的结论。

没有结构，事情就会变得非常复杂，让人瞻前顾后、犹豫不决。

没有结构，问题就会像洪水一样试图一股脑儿地冲进你的脑海中，让你难以把握问题的关键。

而"3"则是所有结构中最简单、最直接、最有效的思考及表达结构。

直接说出3点会让别人觉得你思路清晰、自信满满、充满力量。通过"3"这个神奇的结构构思后的表达，不但让对方愿意听、听得懂，更能让对方有所行动。

▌ 本书是最简单的结构思考力训练秘籍

在过去的几年里，我们已经将结构思考力的理念和方法通过培训课程的方式传递给了国内众多企业的管理者、职业人及青少年，并分别于 2014 年和 2015 年出版了《结构思考力》和《透过结构看世界》等结构思考力系列书籍。我们希望用最通俗的文字带动更多国人开启结构思考力的旅程，运用结构思考力做到思考清晰、表达有力、生活清爽、工作高效。

在拿到八幡纮芦史先生的这本书时我们特别兴奋，惊讶于他竟然能用如此通俗、简洁的方法教会大家清晰思考和有效表达。如果说《透过结构看世界》奠定了结构思考力的核心理念及理论基础，《结构思考力》以最通俗的方式把庙堂之上的结构思考力，用最容易落地的方式教会大家如何思考和表达的使用方法，那么《重要的事情说 3 点》则是最简单、最直接、最通俗地将结构思考力运用在生活与工作中的技巧。从理念到方法、从方法到技巧，正是结构思考力学院多年来课程开发和写作中不断努力的方向：让更多国人学会用最通俗和最接地气的方式改善思维。

最后，我想再次强调的是，虽然本书看似呈现的是非常简单的沟通、表达技巧，但实则是在改变和影响一个人思考的广度与深度。用最简单的技巧——《重要的事情说 3 点》，践行《结构思考力》的方法，你会养成《透过结构看世界》的生活与工作习惯，真正做到思考清晰、表达有力、生活清爽、工作高效！

李忠秋

结构思考力学院创始人

《结构思考力》《透过结构看世界》作者

前 言 ！

"3" 是引导你迈向成功的魔法数字

| 这种说话方式为什么无法传达你的意思

"现在有空吗？"

"什么事？"

"那个啊，之前那件事……真的没什么办法解决吗？"

"我知道了，我会尽量去试试，有机会的话我会立刻联系你。"

　　你与你熟悉的朋友是可以这样交流的，但是在正式的商业场合中你却不能这样说话。

　　你在上班的时候，有没有遇到过这样的对话？

　　员工："请问您有时间吗？"

　　上司："什么事？"

　　员工："那个，之前的那次会议……"

　　上司："会议？什么时候的？"

　　员工："啊，我想说的其实不是会议，而是会议上决定的销售目标的事情……"

　　上司："嗯？"

　　员工："那个……我有点担心完不成这个目标……"

　　上司："为什么会这样想呢？"

　　员工："大概是因为，我觉得还是人手不够吧……我想能不能在宣传活动期间稍微调整一下这个目标……"

　　上司："宣传活动？这个准备得怎么样了？"

　　员工："活动现场已经确定了，但是广告媒体还没定下来……这么说起来，该什么时候和赞助商进行沟通呢？"

上司："（失望的表情）现在我很忙，你这件事情以后再说好吗？"

最近，商业人士的"表达能力"越发低下。

"话题到处'飘'，结果根本不知道他要说什么。"

"一直抓不住话题的要点，我都快被逼疯了。"

"'那个'和'啊'说多了会怎么样？让人完全没心情听下去了。"

这是倾听的一方发出的不满。

而表述的人自己也很烦恼。

"是我表达的方式不好吗？我经常会被对方误解。"

"说着说着我就会变得混乱起来，根本不知道自己在说些什么。"

"对方虽然嘴上回应我说'我明白了'，但其实什么都没明白。"

不只限于上司与员工的关系，上司和同事、客户之间也存在这样的问题，这样下去连日常业务都会出现问题。

该怎么办呢？

其实，只要以**魔法数字"3"**为轴心构建对话就好了。

┃ "3"带来充足、创造和安定的力量

认为自己不擅长商业谈话的人，我一般都会这样建议他。

"将你想要传达给对方的信息概括为 3 点。"

仅仅是这样，大多数人的思路就会变得非常清晰，也能稍微找到一点自信。为什么会这样呢？

这是因为"3"这个数字中潜藏着非常不可思议的力量。不是"2"，也不是"4"，只有"3"才有这种力量。

说得绝对一点，这个世界都在围绕"3"这个数字运作。大街小巷都充满了数字"3"。

从身边看起，如宣传语或商品的命名。

例如，"附有 3 个特点""现在有 3 次机会"，写有这样内容的广告单是不是非常惹眼呢？又或者一边吃着加入热水后 3 分钟就能吃的泡面，一边看叫作《3 分钟料理》的美食节目。

"3"这个数字在学术界也非常有存在感。

例如，三大营养素（碳水化合物、蛋白质、脂肪），物质的 3 种形态（固体、液体、气体），三权分立（立法、行政、司法）等。只要仔细想，我能举出数之不尽的例子。

此外，还有德川御 3 家（尾张、纪洲、水户），日本 3 景（松岛、天桥立、严岛），这样的表述也很多。

为什么在社会和日常生活中存在如此多的"3"呢？

在与"3"有关的谚语、传说、神话故事里能够找到一些端倪。

例如，"三样俱全"这样的常用语。它是由能乐（日本传统艺术形式）中的 3 种伴奏演变而来的，意思是"必要的素材全都准备好了"。

也就是说，这里的"3"表达了"充足"的状态。这是否和大多数人心中的"3"的印象重合了呢？

在神话中也出现了很多有关"3"的表现。

例如，《古事记》中介绍了 3 种神器——在皇位继承时代代相传的宝物——镜子、勾玉和剑。它们分别象征了太阳、月亮和地球。在古代的神话中，这三者就代表了宇宙整体。

在现代，在第二次世界大战后高度发展阶段，电视、电冰箱和洗衣机被称作"完美的中产阶级的象征"。

"3"象征着创造，看到这里你会感到惊讶吗？

请你回想一下"三个臭皮匠赛过诸葛亮"的故事。它说明了即使普通人，只要有 3 个人聚在一起也能比聪明的诸葛亮想出更好的主意。2 个人的话，意见是对立的，4 个人则很难抉择出选择哪个意见。

表现了"创造"的"3"在日本的创世神话中出现得特别多。其中提到万物的创造包含了 3 个阶段。

在天地被创造出来之前，世界充满了混沌。在创造的第 1 阶段，世界被分为天和地两部分；在第 2 阶段，出现了万物的父母伊邪那美和伊邪那岐；在第 3 阶段，生成了诸神和万物。

先不去探讨神话的真伪，在这个神话中，"3"这个数字被定义为创造，并且直到现在"3"这个数字还在被频繁使用。

"3"包含了调和和均衡的安定之意。

以神话世界中的造化三神为首，很多神都是以 3 种为一类来完成任务的，这类故事也层出不穷。

例如，天照、月读和须佐之男 3 位著名的神祇。

在这里需要注意的是，神与神之间相互划清的界限——天（天照）、夜（月读）、海（须佐之男）是不可侵犯的，这在很大程度上影响了国家的建立与安定。

在现代，我们经常使用"三人混战""三方势力"等表述，从词汇看来可能略带消极的印象，它是指通过相互牵制、保持均衡的意思，也可以表示安定。

像这样，"3"这个数字象征了"充足""创造""安定"。换一种说法，你能通过这个简单的法则来动摇对方的心理，从而整理会话，掌控交流。

说得再简单一点，只要你通过 3 个阶段展开故事，将其内容分为 3 个部分，以 3 种要素将剧情变得更生动，你的发言就会充满充实感、创造性和安定感。

下面就让我们以"3"的法则修正一下在前文中介绍的上司和员工的对话。

员工："主管，我想和您说件事。"

上司："什么事？"

员工："我希望改动上周一会议中决定的销售计划。"

上司："为什么？"

员工："有3个理由：第一，人员不足是很明显的；第二，宣传活动期间的机制还未完全设计好；第三，我们还没与赞助商进行交流。"

上司："听起来问题很多啊。"

员工："如果这样放任不管的话，是很难达成销售目标的，不过现在还有改动的余地。我很尊敬提出这个计划的您，如果您能下决断的话，我一定会支持您到底的。我们可否对销售计划进行修改呢？"

上司："我知道了，那么你去修改计划吧，下周一之前提交给我。你们轮流负责一下。"

那么，在这段话中，"3"的法则藏在哪里呢？你发现了吗？

只要读完本书，你就会恍然大悟。

▌ 通过 3 个阶段让对方理解并展开行动

使用 "3" 来整理你的对话，就能将你想传达的意思传达给对方，也能让你更容易地调动员工。当然，你并没有使用欺骗和恐吓等手段对待他们，你只是使用了"3"的魔法力量而已。

但是我想补充一句。

想要让对方接受并采取行动的话，是需要经过一定的阶段的。

具体来说，有以下 3 个阶段：

① 感情的阶段。在对方不抱有积极态度的情况下，你的话只会被当成耳旁风。因此，你至少要让对方对你抱有中立态度。

② 逻辑的阶段。即使对方同意你或至少抱有中立态度，但如果你的话让人抓不到重点，也是传递不到对方心中的。因此，你需要让对方好好理解你的逻辑。

③ 利益的阶段。即使对方同意你的意见，也能理解你的逻辑，在他做出"这件事和我没有关系"的判断后，是不会采取行动的。因此，你必须让对方看到明确的利

益，将他们和行动挂钩。

这个过程对所有人来说都是一样的，但可能因为对方的个性不同而稍有区别，大致有 3 类：

① 感情优先型——当时的心情起决定作用。

② 逻辑优先型——无论如何更重视逻辑。

③ 利益优先型——与自己的利益不相符的事情就不能接受。

本书以这样的思考方式，选择和介绍了对商业人士来说必须掌握的技巧。

那么，让我们以可以自由操纵魔法数字"3"的商业交流达人为目标努力吧！

八幡纰芦史

本书由王荣、周英、王鹏飞、程焱、王雨等翻译。

魔法数字"3"的意义

充足

太阳、月亮、地球,三样俱全

创造

三个臭皮匠赛过诸葛亮

安定

三人混战,三方势力

以"3"为中心构建对话

- 3 个阶段展开故事
- 3 个部分介绍内容
- 3 个要素展开剧情

使用"3"的法则掌控对话

让对方接受你的话并采取行动的 3 个阶段

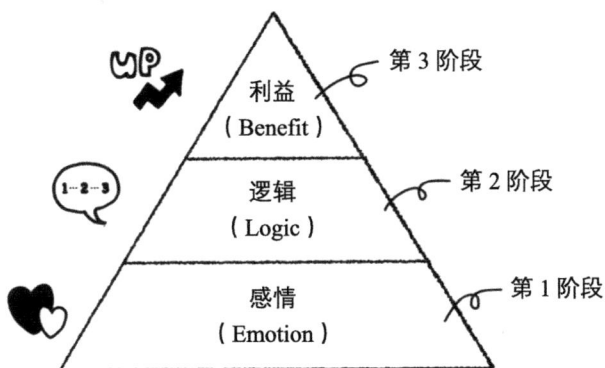

利益
（Benefit） —— 第 3 阶段

逻辑
（Logic） —— 第 2 阶段

感情
（Emotion） —— 第 1 阶段

针对对方个性进行的跟进

- 感情优先型→说说心情

- 逻辑优先型→从理论入手

- 利益优先型→强调得失

使用 3 个步骤推进对话

目录

第三部分
"3"的法则 让对方有行动（利益） \105

第一部分

"3" 的法则
让对方愿意听（感情）

在想将自己的意思传达给别人之前，首先你要让对方抱有愿意倾听你话语的心态。也就是说，要从感情基础开始，让对方对你抱有善意和兴趣。

在本部分，我们将简单明了地讲述"让对方愿意倾听你的话语"的 3 个法则，帮助你理解该如何交流。

只要实践了本部分介绍的技巧，就能立竿见影。即使以前听你说话像听天书一样的人，也能做出相应的反应。

（的确，"3"这个数字有着不可思议的力量！）

你会深刻体会到这一点。

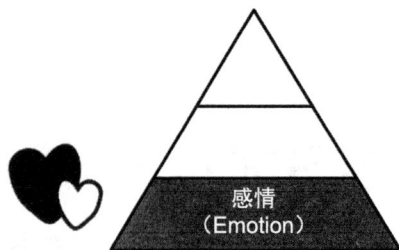

感情
（Emotion）

课程 01

直接说出 3 点，
会让别人觉得
你思路清晰

▎开始很重要

你有没有遇到过突然被问到一个问题而变得非常慌乱的情况？

可以想象一下这种场景：负责人在向客户介绍自己公司的产品。

"性能自然不用提，在节能方面效果尤其突出。"

负责人口若悬河的样子让客户的情绪更加高涨，此时，负责人心里想的是"有戏"，不禁嘴角露出了微笑，可就在这个时候——

"其实昨天，贵公司的竞争对手 A 社也给我们介绍了他们的产品，贵公司的产品与他们的产品相比有什么优势呢？"

如果你是这位负责人，你会怎么回答呢？其实，你心里觉得竞争对手 A 社的产品并不差。

但是在这里如果慌了的话，至今为止的辛苦就白费了。

"哎——，这个嘛……在产品性能方面就有很大差别，我们公司的产品功能更多。而价格呢……啊，价格是差不多的。但是考虑到对环境的影响，还是我们的产品更优秀一些，而且我们的售后服务也更多。"

这样的回答只会让客户产生怀疑。

那么，我们该怎么回答呢？

正确答案是这样的。

"我们公司产品的优势有 3 点。"

在这一句的基础上，再进行具体说明。

"第一点是功能多，A 社产品的××功能有很多限制条件。与之相比，我们的产品则……第二点是考虑到环境……第三点是售后服务……"

用语言的瞬间爆发力领导会话

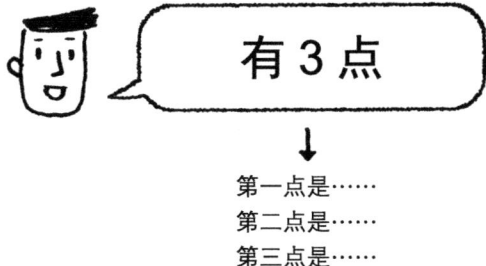

有 3 点

↓

第一点是……

第二点是……

第三点是……

缜密快速地回答对方的问题

❘ 直接说很重要

在这里最重要的一点就是，当对方向你提问时，立刻就回答出"有 3 点"，这样才能给对方留下"脑子转得很快"的印象。

不管你是不是真的想到了具体的优势，总之先说出有 3 点，然后一边解释一边思考具体有什么优势。

但是我们经常会遇到"第一点和第二点都很容易就想到了，但是第三点怎么也想不出来"的情况。这时，就要用上我们的撒手锏。

"然后是第三点，这第三点您觉得会是什么呢？"

用问题来回答对方的问题，然后你就能获得这样的回答了。

"是包邮包安装这一点吗？"

"这些也包含在内，但是不仅是包邮包安装，购买我们的产品后全部售后服务都非常周到。"

像这样接受对方意见的同时自己再进行思考也是一种方法。

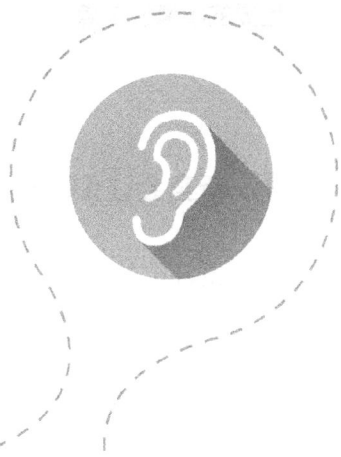

课程 02

一下说出 3 点，会让你看起来自信满满

▍ 断言会让你获得信任

最开始就说出"有 3 点"也证明了你有自信。这种表述方式特别适合工作经验尚浅的商业人士。

例如，在下面这种场面就非常有效。新任销售员去拜访客户，在对方公司接待员的引导下进入会客室，坐在了沙发上。

"以前都是去会议室啊……"

你的内心隐隐担忧，却只能坐在这里等待。过了一会儿，负责人带着总经理进来了。

"哎，根本没听说总经理也一起来啊！"

超乎想象的会面开场让你出了一身冷汗。

交换名片再加上自我介绍之后，总经理问道：

"和竞争对手的产品相比，贵公司的新产品有哪些优势呢？"

如果提问的人只是知根知底的产品负责人，自己会毫无顾忌地将产品的卖点——说出来。但是在总经理的压力下，自己的脑海中变得一片空白。

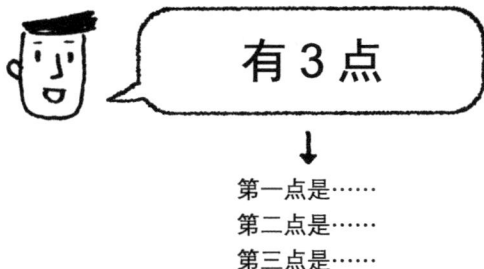

"3" 的压倒性的积极效果

有 3 点

↓

第一点是……
第二点是……
第三点是……

立刻断言就能让对方看不出你的慌张

但是这时可不能惊慌失措。

"有 3 点！"

用干脆利落的语气断言，然后接着说：

"第一点是功能多，具体来说……第二点是成本低，也就是……第三点是非常安全，可以说……"

这样的回答，总经理听了也会满意吧。

在面对强大对手时，因为害怕而变得畏畏缩缩，导致错失良机的情况数不胜数。而此时你只要说出"有 3 点"，就能让你冷静下来。

但是要切记，在说"有 3 点"的时候一定不要有任何犹豫，这是非常重要的。

▎ 为什么"2"和"4"不行

在前言中我也提到了魔法数字"3"的力量，有时在研讨会上，有学生这样反驳我：

"如果不是'3'点，而是'4'点的话该怎么做呢？只说其中的'3'点吗？实际上不是有'4'点吗？"

我是这样回答的：

"你说得没错，但是这其实只是你眼中的事实吧？当我们最主要的目的是将信息传递给对方的时候，你会怎么做呢？"

如果你跟对方说"有2点"，会让对方产生些许缺失的感觉。

如果说"有4点"，对方又会有什么感觉呢？

是不是会觉得静不下来呢？因为"4"这个数字会让人产生"过剩"和"画蛇添足"的感觉。

想要真实可靠地传递信息，你必须搞清楚对方的心理。

课程 03

说出"有3点"
后，会让对方
更加认真倾听

▌ 为什么要说"有 3 点"

工作时，有些很难说出口的事情也要如实道来。例如，被委托帮忙做很麻烦的工作却发生问题的时候，你要辩解或斥责员工。

这时用"有 3 点"的方式来说就会让对方更愿意听你说的话。

例如，你突然增加了别的工作，希望同事能帮忙接手一下现在的工作——

"虽然很突然，但你能帮我做一下这个吗？"

"好啊，我该做些什么？"

"希望你做的是 3 件事。为了明天会议，希望你能准备资料、联络参会者并确认会议室是否可用，你能帮我吗？"

"我明白了！"

在最开始就说出"有 3 点"会让接下来的进展非常顺畅，为什么会这样呢？

这也是"3"的魔力。"3"这个数字会让人有一种简单就能做到的感觉。

下面我将具体说明理由。

▎ "3"是简短和简单的象征

在日本战国时代，明智光秀于本能寺杀死织田信长，之后在山崎败给了丰臣秀吉，逃走的光秀被农民杀死。光秀的天下就被称为"三日天下"。

但是，输给秀吉乃至被杀害之前，光秀实际上掌管了 12 天的天下，如果按史实来说，应该是"十二日天下"，我们为了表现其掌握政权时间之短采用了"三日天下"的说法。

用"3"来表示短暂的例子还有"三日坊主"（三天打鱼两天晒网的日文版谚语）等。就连奥特曼也只能在地球上战斗 3 分钟。

有一个叫作《3 分钟料理》的美食节目，但是只用 3 分钟其实是做不出什么料理的。这个节目的播放时间去除广告也还有 6 分 30 秒之长。

这个节目之所以受欢迎并能长久持续下去，正是因为它以"3 分钟"为卖点，从而给人"很简单就能做到"

的印象。

　　如上所述，从古至今，在表述"简短"和"简单"的时候我们都会选择"3"这个数字。因此，在你和别人对话的时候说出"有 3 点"，对方就会更认真地听你说。

使用"3"能展现"简单性"

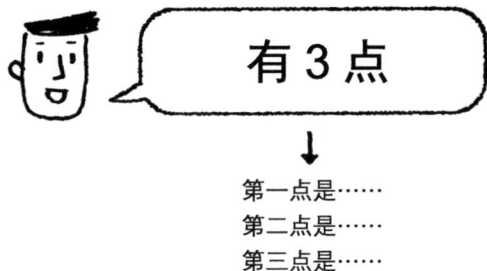

有 3 点

↓

第一点是……
第二点是……
第三点是……

让对方感觉"只有 3 点……"就达到目的了

　　那么，如果你让别人帮你做的事情不是 3 点，而是 3 点以上，又会怎么样呢？

　　"我想让你做的是，为了明天的会议准备资料并复印，发邮件并打电话联系参会者，然后还有预约会议室和调度会议室用具……大概就这些。"

如果你是这样表述的，对方就会产生"好麻烦"的感觉，在对话的途中就不知不觉走神了。让我们再来想想，如果使用"3"以下的数字，又会如何呢？

"我想拜托你做的事情就一点，为明天的会议做准备。"

如果你这样拜托同事，对方会有什么反应呢？

"我究竟该做些什么？是不是要加班呢？今天下班后的时间本来和别人约好了。虽然我也想帮忙，但是还是找个理由拒绝好了。"

┃ 与"3"对照使用"8"这个数字

对数字的印象因人而异，但"3"是其中的例外，任何人对它的印象都是相同的。

除了"3"，还有一个能给人强烈冲击的数字。

这个数字就是象征了"多"的"8"。"八面玲珑""八拜之交""八方支援""七嘴八舌""八斗之才"等。"8"这个数字也在我们的文化中扎了根。

当然，在神话中也有"8"的身影。

例如，日本有八百万神明。这并不是说真的有八百万神明，而是指神明多得数不过来而已。

此外，须佐之男和八岐大蛇的神话故事也是很有名的。

在《古事记》中，八岐大蛇的眼睛像红灯笼果，拥有八头八尾，身上长着青苔、桧树和杉木，身体能把八个山谷和八个山岗填满。这里就是使用了"8"这个数字，来让人感受八岐大蛇的巨大和可怕。

此外，还有江户的八百八町、浪花的八百八桥等表现方式。这只是指江户的街道多、大阪的桥多而已。

如果你想向别人传递"多"这个信息，只要使用数字"8"就好了。

例如，你想表现产品中有效成分多，就可以写"这个减肥食品中有 8 种成分"。即使实际上有 10 种、20 种，你也说主要有 8 种即可。

但是在进行内容说明时，如果你用"第一种是……第二种是……"的方式介绍，只会让听众感到厌倦。所以具体内容写在文字稿上就可以了。

此外，"8"这个数字除表现数量多外，多在负面词汇中出现，如"八面玲珑""七嘴八舌"等。与此相对的"3"则更多地用在正面词汇上。

课程 04

让 3 分钟演讲成功的 3 个要点

┃ 在 3 分钟内总结全部内容

与 "3" 有关的出现频率较多的短语就是 "3 分钟演讲" 了。

"民有、民治、民享的政府" 这个美国前总统林肯有名的演讲，其实也只有 3 分钟左右。

用演讲感化听众，同时不让听众走神。想要满足这两个条件，必须将演讲的时间固定在 3 分钟左右。3 分钟演讲的 "3" 实际表示了 "必要的最小单位"。

泡面上标注的 "注入热水后静候 3 分钟" 给我们的也是这种感觉。

泡面实际上 2 分钟也能泡好，但写上 "只要泡 3 分钟" 就能让人更有食欲。而如果改成 10 分钟，就会让人感觉等待时间太久了。

不管是哪一种情况，"3" 这个数字和我们都非常合拍。

┃ 自我介绍展示了你们的差距

提到商业环境中的 3 分钟演讲，首先想到的就是自我介绍。换工作或新项目开启或与合作方见面都免不了自我介绍这一步。

在这种情况下，打招呼是你给对方留下第一印象的关键。

下面就向大家介绍一下，当你被要求"简短地介绍一下自己"时该如何做。

基本上就是要在 3 分钟内简单而有冲击力地介绍自己。

在这个基础上，还要把介绍的要点汇总为 3 点。

首先，介绍自己和对方（团队）的关系。很多人都不知道该从哪里开始自我介绍，可以先从自己和对方的关系开始说起。

其次，讲述自己对对方（团队）做出的贡献。在这个阶段，不要只展示自己的优势，请站在对方的角度思考他们想要知道什么。

最后，表述自己今后的干劲儿。

自我介绍的 3 个要点

1 介绍自己和对方（团队）的关系……大约 1 分钟

2 自己对对方（团队）做出的贡献……大约 1 分钟

3 自己今后的干劲儿……大约 1 分钟

3 分钟演讲让你的对话变得更有冲击力

在新公司进行自我介绍时大概就是下面这种。

"我是从××公司调来的。以前在以能干而知名的××经理手下做事。（中略）此次终于进入了长久以来就向往的销售部门。我会尽我所能活用以前积累的销售经验，不断提出有挑战的销售战略，在实体店铺里也能作为领头羊来带领大家。今年我就满 30 岁了，希望能带着我的决心和新的工作伙伴们共勉。"

商业交流中应当掌握的对话技巧数不胜数，因此我们也经常会感到有压力而变得混乱。

但是你只要记住"总结为 3 点"及"和'3'这个数字有关"这两点就能安心许多。其实这就是变得擅长商业交流的秘诀。

课程 **05**

灵活使用 3 秒，
会让沉默的人
更加擅长对话

▎杂音只会招致不信任感

让对方一下对你印象不好的原因之一就是杂音。

也就是"哎——""那个——""这个——"这些在无意识下连续说出的口头禅。

"哎——今天大家能特意空出时间来参加本次会议，我感到十分荣幸。这个——我准备展现给大家的是，那个——前几天提到过的，哎——那个委托的事情……"

对听者来说，少许的杂音还是能够忍受的，但是频繁出现的话，对方就会产生"你是不是都不知道自己想说什么"的不信任感。

此外，这种杂音还会对听者的注意力产生负面影响。这也是你无法将自己想表达的内容传递给别人的原因之一。

那么，我们该如何消除这些杂音呢？

首先，我们需要将自己想传递的信息整理归案。（具体会在第二部分中说明。）

但是想立刻清除这些杂音并不容易。这是一种习惯性的口头禅。有些人很可能不带着"哎——""这个——"

"那个——"来说话，就很难衔接上下一句话。

将杂音变成无音

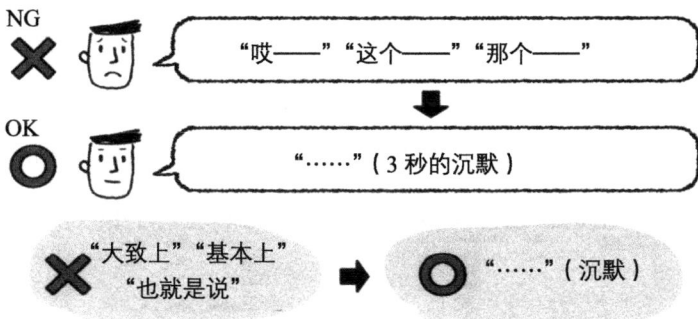

NG
"哎——""这个——""那个——"

OK
"……"（3 秒的沉默）

"大致上""基本上"
"也就是说" → "……"（沉默）

**3 秒的沉默能成为刚刚好的空白时间，不用强迫
自己必须衔接话题**

在这里，我给大家介绍一个非常好的方法。

那就是，当你觉得你要说出口头禅时就保持沉默。

这些杂音之所以会出现，是因为你无法顺畅地进行
对话。但是不必焦躁，也不必强行衔接话题。把这些杂
音咽到肚子里，保持沉默就好。

沉默的时间保持在 3 秒。在心中默念 3 秒，这样你
就掌握了刚刚好的空白时间。

当想要说服对方时，有些人会口若悬河，但其实掌握这个"空白时间"才是最有效的。

在对话中出现一瞬间的沉默，会让对方突然清醒，之后更集中于你的话题。也就是说，这是一种消除杂音之后还能让对方更集中于你的话题的有魅力的对话方式。

如果说预先将你想传达的信息归纳整理好能够预防杂音的出现，那么沉默就是在杂音即将出现时的对症处理法。

检查你的口头禅

注意那些成为你口头禅的词或句。这也可以看作杂音的一种。

如果连续使用"大致上""基本上""也就是说"这样的话，就会让人认为你一直在说同样的话，从而产生不舒服的感觉。

这样的话都是你在无意识的情况下说出来的，所以你需要先找其他人来确认一下你有什么样的口头禅，然后在平常说话时有意识地将这样的口头禅转换成"沉默"。

课程 06

配合对方使用的
3 种声音类型

▎ 在呼吸之间掌握节奏

人们的说话方式也能彰显个性。有人说话喋喋不休，也有人说话稳重大方。

在商业交流中，最常见的就是好像被谁催着一样说话很快的情况。即使很明显"超速"了，他们也因为太过紧张而没发现自己的语速过快。这样讲话是很难让对方听进去的。

而且，无法顺利表述让他们更加焦躁，结果就是越说越快。说得越快，听者听起来也就越不舒服。而当说话的人发现对方的表情不对劲时，就会越来越焦躁，然后就陷入说得太快之后出现的恶性循环。

在这里，首先要有意识地慢慢讲话。

应对这种情况的诀窍就是在说话之前深呼吸一下。站在交流对象面前，不要直接就进入话题，先深呼吸一下。在对话的过程中，如果你陷入了混乱变得焦急，也可以停下来深呼吸一下。

此外，如果你想强调什么，也可以在说之前深呼吸。深呼吸的时间也正好能符合上文中提到的"刚刚好的空白时间"。

▎让声音产生变化

要想让对方把注意力集中在你的话题上，不仅要创造"刚刚好的空白时间"，还要在语速、音调、音量上下功夫。音量大表示强调，音调低能创造出严肃的气氛。

发声方式不同能瞬间改变对方对你的印象

1 语速
- **快** 情绪高涨 ⟷ 很难传递信息
- **慢** 能让人放松 ⟷ 精神涣散

2 音调
- **高** 变得兴奋 ⟷ 刺耳
- **低** 可以创造出严肃的气氛 ⟷ 容易困

3 音量
- **大** 会被认为在说重要的事情 ⟷ 很惹人烦
- **小** 唤起他人的注意 ⟷ 不容易听到

有意识地选择和改变发声方式很重要

像图中介绍的一样，语速的快慢、音调的高低、音量的大小都能使声音产生不同的效果，我们需要根据不同的状况进行选择。

例如，你在会议上发言的时候，其他参会者窃窃私语，这时你该怎么做呢？

用"请大家听我说"大声地制止他们是一个方法。

其实还有一个正好相反的方法，你可以小声地和你旁边的参会者说话，然后其他参会者看到你这样，就会产生"他们在说什么"的好奇心，然后将注意力转到你身上。

根据对方的性格来选择发声方式也是很有效的一个方法。

向性子急的上司提交计划书时，你可以选择快的语速开始对话。这就是以对方为轴心进行对话的方法。

在对方开始表现对你说话内容的关心后，你再慢慢降低语速，也就是慢慢回归自己的步调来说服对方。

课程 **07**

3 秒的眼神交流，
会让你获得信赖

┃ 用 3 秒传达你的善意

现在，不与他人眼神交流的人越来越多了。

虽然嘴上在说"我是××""请多指教"，却只是瞟一眼自己的交流对象就低下头。这种情况在第一次见面交换名片的时候特别令人在意。

俗话说"眼睛是心灵的窗口"。眼神交流在交流的整体过程中也占了很大比重。所以我们必须足够重视能够在很大程度上左右别人对你的第一印象的眼神交流。

在与多家公司合作进行联合项目时，如果不与其他公司的人进行眼神交流，就无法获得他们的信赖。

但是，这里有一个需要注意的地方。那就是，眼神交流的时间。从结论来说，最好是 3 秒。

1 秒只能叫作一瞥，只是瞟一眼确定对方是否在而已。而立刻转移视线有可能让对方怀疑你是不是讨厌他了。

如果眼神交流的时间是 2 秒，那么这只是表现了"这是什么人"的一种自己注意到了对方的态度，对对方而言并没有任何意义。

但是 3 秒的眼神交流就带有感情了。也就是说，你能向对方展示出你对他的善意。

┃ 时间太长会出现反效果

那么，超过 3 秒会怎么样呢？

一直被你看着的人会不会觉得不舒服呢？

过长的眼神交流表现了"不信任"和"怀疑"的态度。在你与对方不是恋爱关系的前提下，请尽量保持眼神交流不要超过 3 秒。

用眼说话——眼神交流的技巧

NG ✖ 不进行视线交流，低着头

OK ⬤ 进行眼神交流

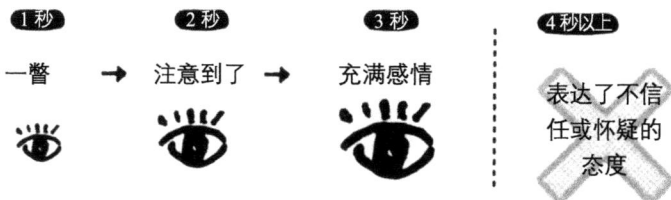

1秒	2秒	3秒	4秒以上
一瞥 ➡	注意到了 ➡	充满感情	表达了不信任或怀疑的态度 ✖

3 秒的眼神交流让对方感到你对他抱有善意的态度

　　"工作时，我不会像在求助别人一样一直盯着他们啦。"

　　这是一个年轻的商业人士笑着说的话，否则只会在不知不觉中让对方觉得难受。

　　例如，和上司一起去访问客户，有人会在上司和客户对话的过程中一直盯着客户。也许，你只是认真地看着对方想让对方感受到你的诚意而已，但是客户会对你的眼神感到不舒服，会感觉自己被监视着，无法平心静气。在这种场合，你应该尽量将视线放在说话的人身上。

　　请想象一下看网球比赛的情景。在拉力赛的不断进展中，观众的视线随着一颗小小的球在两位选手之间左右移动。和这种情况相似，交流时将视线放在说话的人身上是一种礼仪。

课程 08

使用 3 种肢体语言，
加深印象

想要更圆满地进行交流，我们不仅要善用语言，还要利用语言以外的力量。上述的眼神交流就是其中一种，而另一种必须掌握的能力就是肢体语言。

肢体语言的应用非常广泛，大致可以分为 3 种。

表达带有明确信息的肢体语言

例如，当对方的声音太小听不清时，你会把手放在耳朵边上表示"听不到"的意思。当向对方说"很久不见"时，也会两手展开做出拥抱的动作。

而当你一边说着"很有趣"一边双手交叉在胸前低头看地时，对方就会觉得"你根本没认真听他说话"。

善用这种能直接传递信息的动作会给你的工作带来很大的帮助，如握拳表示决心，双手向前展开表示欢迎等。

表示大小、量和数字的肢体语言

例如，在表示销售量急剧增加时，不仅可以用语言表述出来，还可以用手从左下到右上进行比画，这样听者就能立刻理解你的意思了。

在表示数字时也是一样的。在你说"有 3 点"的同时竖起 3 根手指。在说"第一点是……"时竖起 1 根手指。

此时要注意的是"让对方看到你的动作再说"，也就是竖起 3 根手指之后再说"有 3 点"。如果这个顺序倒过来的话，就会让对方产生异样感。

▎无意识情况下做出的不体面动作

肢体语言在会议上会有很明显的效果，但是有些肢体语言是不能使用的。

例如，当会议上出现一些问题时，不断挠头搓手的动作，以及不断按圆珠笔的尾端或抖腿等。简单来说，就是你无意识中做出的不体面的动作。

"这种习惯大家都多少有一些吧？"

如果你轻视这些肢体语言，就会产生很严重的后果。这些动作不仅表现了你在精神上的不安定，也可能让你丧失对方对你的信赖。

想要尽快改掉自己这些奇怪的习惯，是很难做到的。请试试我推荐的这个方法。

这些动作的出现是因为你紧张或焦躁，也就是你没有处在放松的状态下。

所以转换一下思考方式，做出能表示放松的肢体动作，就能防止这些奇怪的习惯出现。

例如，把手放进口袋里的这个动作就是表示放松的一个肢体语言。所以当你感到紧张或焦躁时，把手放进口袋里就好了。然后你就会惊异地发现自己竟然真的放松下来了。

当坐在椅子上时，背靠到椅背上也是个不错的选择。

也就是说，肢体语言是从"型"开始入手的，摆好型你就会放松下来。

当你觉得你要做出奇怪的习惯性肢体动作时，有意识地做出正确的肢体动作会很有效。

用身体说话——肢体语言的种类

1 传递明确的信息
握拳表示决心

两手张开表示欢迎

2 表示大小、量和数字
手从左下到右上比画，表示数值上升

竖起 3 根手指，并说明理由

3 无意识情况下做出的不体面动作
- 搓手
- 抖腿

开始紧张后就要有意识地去使用正确的肢体语言

例如，想要将紧张抛诸脑后，你就竖起手指表示数字，或者用手比画相应的形状。

这样做不仅能减轻紧张感，还能使话语更具说服力。

课程 **09**

不好说出口的
事情可以在
第 3 个地方说

| 会谈在自己公司进行更好

想让对方听得进你说的话，在说话的地点上你也要下功夫。要点就是选择让对方感觉舒服的地点。

例如，会谈可以选在自己公司的待客室、对方公司或对方家里，原则上就是选择对方想要进行对话的地方。

但是在说一些复杂话题的时候，我们就要使用"战略"来选择场所了。

一般情况下，去对方公司的时候我们可以将其看作客场。即使受到了对方贴心的接待，在心理上我们仍然是处在不利位置的。

相反，如果我们招待对方来自己公司的主场进行交涉，就会转变成有利的情况。奥运会的主办国经常会获得更多的金牌，足球比赛的主场队胜利的概率比较高，我想这是大家都知道的。

"请您来我们公司的展览室参观。"

"希望您能看一看生产现场的具体情况，所以请让我们带您去工厂吧。"

"下次想给您介绍一下我们的总经理，麻烦您来我们公司一趟。"

这样的邀请能让你保持处于交涉的主场。

选择第 3 个地方

并不是说你邀请对方来你的主场，对方就一定会来。

如果对方的交涉能力很强，就会看清你的意图。

此时你就要选择第 3 个地方。

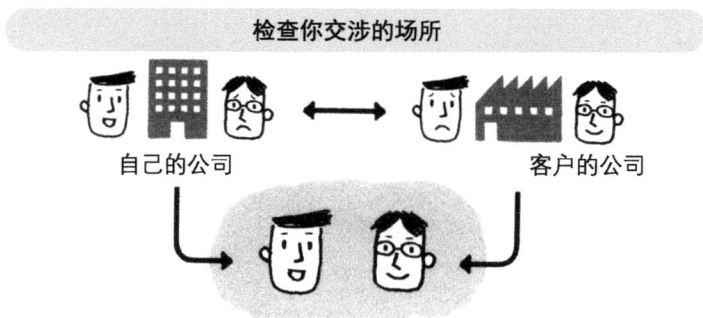

检查你交涉的场所

自己的公司 ←→ 客户的公司

不是主场也不是客场，在中立的地方公平地开始交涉

"一边吃午饭一边讨论，如何呢？"

"您大概挺忙的，所以我们一起去商品展销会探讨吧。"

"下次见面我们换个心情，去旅馆的休息室讨论怎么样？"

这样的提案展现了你想要进行公平交涉的意图，对方应该是不会拒绝你的。

在与客户对话时有一些常用的客套话和敬语，但是在谈到复杂话题时可以不用在意礼节，直白地说出来就好。

第二部分

"3" 的法则
让对方听得懂（逻辑）

对方有意愿听你说话之后，你就进入了需要有逻辑地表述自己的话的阶段。要让对方有条理地理解你要表达的意思。

为此，你需要将自己想表述的内容在头脑中整理归纳，然后再说出来。

本部分会向大家介绍"如何展开话题""想要顺利进行对话该注意什么""对方反问你之后你该如何应对"等，从剧本的制作方式到交流方式等一系列的实践技巧全部都会展现给大家。

一眼看上去有些困难的商业交涉只要依靠"3 个步骤"或"3 个要点"就能瞬间变得简单和顺畅。

请大家放松身心，继续阅读下去吧。

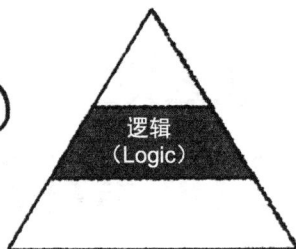

课程 **10**

只要提前告知对方你要说 3 点，就不会出错

┃ 自己都不知道自己要说什么

"结果你究竟想说什么？"

你有没有被人说过这样的话呢？你非常努力地讲了很多话，但是对方完全没理解你的意思，这种情况并不少见。

出现这种情况的原因有很多，最常见的就是话题零散。例如，下面这种情况。

销售会议上，团队领头人提出"想要听一下新成员的意见"。突然被点名，你非常紧张，但也不能一直保持沉默，所以你就想起什么说什么了。

"从目前情况来看，这次的新产品确实是值得期待的。昨天我和很久没见过的大学同学见了一面。当说到我们的新产品时，他也表示很感兴趣，我们一边吃饭，一边说了很多这方面的话题，也提到了定价略高的问题。果然，这个价位对 20 多岁的工薪阶层来说还是有些吃力的。那么对年纪再高点的客户层又是怎样的呢？是钱包吃紧，还是说为自己的家庭、孩子花费这些钱并不是事儿呢？我觉得预先的市场调查时间应该更长一些。不过，这些都放在一边，从开始销售到现在不足一个月，我们收到了一些消费者的投诉。不管如何，我还是很期待下周即将播放的电视宣传广告的。因此……"

然后，团队领头人说道：

"结果你究竟想说什么？"

会议的气氛一下就降到了冰点。

甚至有些团队成员打了一半哈欠就被这句话吓得咬到了嘴唇。

这就是连说话的人自己都不知道自己想要表达什么的情况。

▎向对方展示你要说的内容的路径图

我想大家都不想有这样的失败经历。那么，我们该怎么做才能避免这种情况呢？

就是限制自己。

"那么，我有 3 个提案。"

在开始说具体内容之前，先这样告诉大家，就能预防你天马行空般地飘散话题。

在第一部分中我就提到了，最开始提出"有 3 点"
能够给对方带来好印象，其实这也是让你自己不陷入混
乱的秘诀。

这样说之后，后面自然就接着说道：

"第一点是新产品的需求预测，第二点是投诉的对应
方式，第三点是宣传战略。"

这就像书的目录一样，我把它叫作话题的路径图。

听者有了你这个路径图就能大致看到你将要提到的
方向，从而变得安心。因此接下来你开始讲述正题时，
即使略微跑题也不会让他们感到焦躁。

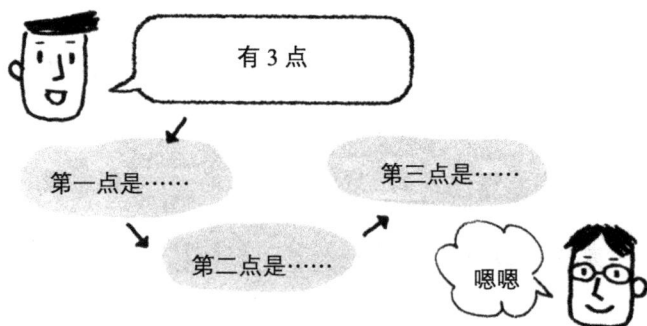

说出"有 3 点"来限制自己

有 3 点

第一点是……

第三点是……

第二点是……

嗯嗯

展示出话题的路径图就不会让听者感到焦躁

课程 **11**

在脑海中整理出
3个"箱子"

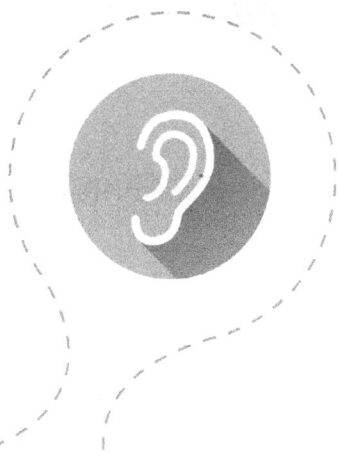

在脑海中构建"箱子"并在"箱子"上贴上标签

向对方展示你话题的路径图，不仅能让对方变得安心，还能避免自己偏离话题。

如果不提前在脑海中进行整理，你就无法给对方展示你的路径图。

那么，该如何整理呢？

就像将散乱的拼图拼在一起一样。顺序如下。

首先，在你脑海中构建 3 个"箱子"。其次，在这 3 个"箱子"上分别贴上"事实""意见""感情"的标签。

准备完之后，你就要将脑海中存在的"想说的事情"（内容）分别装进这 3 个"箱子"。

在"事实箱子"里，要放进你确实看到、听到的事情，以及被多数人客观认识到的事实。

在"意见箱子"里，要放进对这些事实进行解释后的你的思考。我们常常过于相信事实，或者将牢骚看作意见，这些都是需要注意的地方。

那么，在"感情箱子"里要放入什么呢？

就是你的感情。

想让对方理解你，为你展开行动，你就要将自己的诚意和热情展现给对方。

将想说的事情（内容）分为 3 类

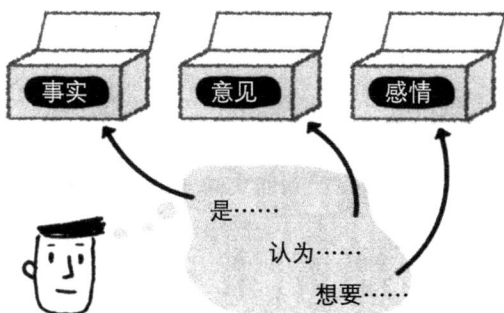

不混淆"事实""意见""感情"是逻辑性思考的第一步

用 3 个"箱子"进行分类

对上文提到的对话，我们就可以这样分类。

首先，在"事实箱子"里放进"起步很好""20 多岁的工薪阶层感觉产品价格有点高""开始销售不到一个月就收到了消费者的投诉"这些内容。

其次，在"意见箱子"里放进"期待这次新产品的销售前景""对定价有些不安"这些内容。

最后，在"感情箱子"里放进"很期待下周即将播放的这个产品的电视宣传广告"。

事实上，只靠这些内容来展开话题是不足的。我们需要在日常生活中就有意识地使用这 3 个"箱子"，丰富"箱子"中的内容。

最终我们就能像下面这样流畅地回应问题了。

"我先说明一下第一点的需求预测吧。在销售三周的时间内达到了 100%的销售量，这是一个很好的起步。但是我们并不能一味乐观。我这么说是因为从上个月实施的消费者调查问卷里我们看到了新产品价格过高的呼声……"

课程 12

以"结论—理由—结论"的3个步骤来传递信息

▎ 这种说话方式会让对方感到很焦急

你虽然想认真地向对方说明，但是对方不能理解你的意思。

例如，上司向销售员询问销售报告的时候。

"最近状态如何？我很期待新项目的进展，所以你来跟我说说你对今后发展的看法吧。"

新人销售员容易陷入以下模式。

"首先，在这周，我去拜访了 A 社。虽然是时隔一个月的再次拜访，对方还是很热情的。那天我还顺道去了 B 社，可惜他们的负责人当时不在。我让他们转达了日后会通过电话联络的意思……说到这里，昨天我接到了 C 社的电话，他们表示希望能再约见一次……"

虽然一眼看上去表述得很顺畅，但是仔细想来，这只是将这周发生的事情罗列了一下而已。这只会让上司越听越不耐烦，然后加重语气要求：

"我问的是你对今后发展的看法！"

此外，资深员工也经常犯的错误就是直接说明事情的始末，或者推卸责任，或者话中有话。

"不知道为什么对方的部长没有在商谈中露面。我也问了对方负责人是什么原因，他们也不知道。所以我只能跟他们表示改天再来拜访。不过，很难找到一个合适的时间。本来销售就是……"

沉默着听了一会儿你的这些话的上司，只会不断积累烦躁的情绪而已。

| 使用 3 句话总结

想要和对方进行顺畅的交流，必须在以对话内容为基础的前提下注意对话的顺序。

正如课程 10 中的例子一样，想到什么说什么，听者一开始还会抱有兴趣，觉得"他会说什么呢"。然而随着你话题的不断推进，他们脑海中只会冒出"所以呢""然后呢""也就是"这样的疑问符号。然后到他们无法忍耐的程度时，就会爆发出"结果你到底想说什么"的牢骚。

天马行空或罗列事实的话题都因为说的前置内容太多，而让对方翻着白眼咆哮出"结论到底是什么"。

因此在商业会谈中，我们要从"结论—理由—结论"这 3 个步骤来展开话题。

例如，最初说出这个结论。

"在今后的发展上，我认为下个月我们会接到一定数量的新客户订单。"

只说出结论就会接受你想法的人不是没有，但是大多数人还是想知道你为什么会得出这个结论，所以我们要继续说。

"我这么说是因为在与 A 社等多家物流关联企业的交涉中，对方都表示了对产品的好评。"

这样说就会让听者有"原来如此"的感觉。

但是说到这一步就不管了，是不可以的。我们还要再次陈述结论。

"因此，我认为下个月会接到一定数量的新客户订单。"

最后再提一次，是因为用"结论—理由—结论"这种"三明治式"对话方式会将话题变得更完整，让听者对结论留下更深刻的印象。

在日常生活中实践这种对话方式时牢记 3 个句式就很容易了。

首先，对话开始时无论如何都说出"是……"引出结论。在说完结论之后立刻接上"这么说是因为……"

在这里千万不要犹豫,因为衔接的流畅度是非常重要的。

不断开动脑筋的你一定能想到一个理由。

此时,将你脑海中浮现的理由冷静沉着地说出来即可。

说完理由之后,还要加一句"因此……",而且要很快地接在理由的后面说。最后再一次将你的结论说出来。

将"是……""这么说是因为……""因此……"这 3 个句式当作你说话的习惯,你的表达能力就会飞速提升。

通过固定句式记住 3 个步骤

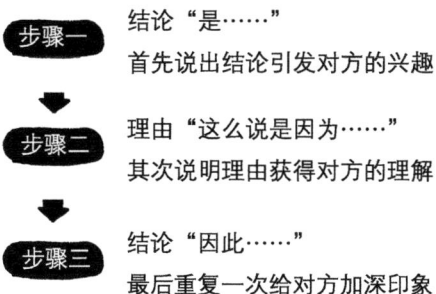

步骤一 结论"是……"
首先说出结论引发对方的兴趣

步骤二 理由"这么说是因为……"
其次说明理由获得对方的理解

步骤三 结论"因此……"
最后重复一次给对方加深印象

"结论—理由—结论"这种"三明治式"对话方式让听者的印象更深刻

┃ 为什么不能用"起承转合"的表述方式

还有一种表述方式，即起承转合。

从"起"开头，以"承"承接上文加以申述，由"转"展现转折，最后以"合"结束全文。这也是日本学校在教学中长期使用和教授的文章结构。

但是这种表述方式是不适合商业交流的。起承转合其实来源于中国的古诗文，一般用在感情丰富的简短文章中。相对于重视逻辑性的商业交流，起承转合这种方式可能更会让对方混乱。

特别是"转"的部分，将话题突然转变，本意是通过戏剧性的发展让话题变得更加引人注目，但是在商业会谈中很可能打破这种逻辑关系。

此外，在起承转合的表述方式中，"合"是在最后做结论时才会让听者了解。因此表述的人必须拥有让对方在听到最后之前都不会厌倦的表达能力才可以。

你有这样的自信吗？

课程 13

顺利地从结论开始传达的 3 个要点

｜ 绕圈子的说话方式只有负面效果

从结论开始说起，是商业交流中基本的基本。但是事实上，很多人都难以做到这一点。

例如，商谈进行得不顺利的时候，"不管怎么样先试试吧。"你会不会在向上司报告的时候抱着这样的心态找借口呢？

当客户向你询问商品价格时，你会不会顺势就加上一句"您也知道现在物价飞涨……"呢？将辩解放在向对方的说明中。

也有些人担心，如果从结论开始说，之后会不会因为想不到理由、接不下去而冷场。确实，当你做出"嗯——"的思考状态，陷入沉默时，你与对方就会同时陷入尴尬的气氛中。

但是绕圈子的说话方式会让对方感到更加难受和不安，也会增加对你的怀疑。

不好说出口的事情也要从结论说起，这样对方才能感受到你身为一名商业人士的真挚态度。

｜ 知道诀窍就会变得很简单

那么，我们该怎么做才能顺利地从结论开始传达呢？

要点有 3 个。

第一，用习惯的节奏从结论开始介绍。

例如，"我有事要向您报告""我有事要和您联络""我有事想和您商谈"，以这种"报告—联络—商谈"的节奏开始介绍也不错。"我有一个请求""希望您给我下指示"，这种也是很合适的开头。

第二，将对方能得到的好处作为结论传递给对方。这样即使很难说出口的事情，也会稍微变得容易开口。

例如，突然想跟上司请假，"最近太忙了，上次休假还是在……"这样绕圈子的说话方式是禁止出现的。你需要像下面这样斟酌选择自己的用语。

"我有事情想和您说。我希望从明天开始请 3 天假。下周要用的会议资料我会提前准备好。"

第三，"封印"与对方无关的话题。

例如，在提出"希望从明天开始请 3 天假"的请求后你又加上"我已经好久没回过老家了，正好外甥考上了大学，为了给他庆祝一下，所以……"。将话题转移到这种事情上你觉得上司会如何想呢？

即使上司笑着回应你"我知道了"，他心里想的也许是"哼，我管你怎么样，我现在很忙没时间听你废话"。

这种个人方面的话题只有在对方问起或下班时间再说会更好。

顺利地从结论开始传达的对话方式

要点一
用习惯的节奏从结论开始介绍

要点二
将对方能得到的好处作为结论传递给对方

要点三
"封印"与对方无关的话题

我有事想和您商谈一下！

我能不能请个假呢？我会把手头的工作提前做完的。

休假的时候想回一趟很久没回的老家……

**绕圈子说话会让听者感到不舒服、不安心，
也无法产生信赖感**

课程 14

用 3 个理由让
对方接受

┃ 并不是介绍得越详细越好

你顺着"结论—理由—结论"的步骤，在最开始讲述了自己的结论，然后就能将自己想说的内容传递给对方。

但是，从这里开始才是正题。如果想让对方接受你的意见，你就必须好好说出你的理由。在这一步有一个非常大的陷阱等待着大家。

请大家想象一下，当你去给客户推销自己公司开发的新技术时的场景。

"我们的新技术能帮贵公司解决问题，是一种跨时代的新技术。"

在说出这样的结论之后，你开始说明理由。

"首先，我们导入了尖端的网络技术支持。这个系统就是……此外，在智能手机普及、小型化技术不断发展的现在……当然，为了回应多样化的需求……再加上操作性能完美的用户界面……还有安全对策也是完全的……除此之外，我们的产品在节能环保方面也是非常优秀的，是为了保护地球环境而设计的……"

虽然应该仔细认真地向对方解释你的产品的优秀之处，但这样的解释方式只会让对方感到混乱。我理解这类人想要将自己产品的优势全部展现给对方的心情，但是他们需要用更容易理解的方式进行说明。

并不是让对方听完你的话之后再进行整理，而是作为表述者的你要去整理自己的话题内容。

┃ 将理由总结为 3 个

具体来说，我们该怎么做呢？

那就是将理由总结为 3 个。

只有 3 个理由的话，对方就会很容易产生听下去的欲望，也不会有对话内容太少的感觉，而且容易记住。有人认为，人类在无意识中能记住的事情只有 3 个。4 个或 5 个甚至更多就需要有意识地记忆了。

在将你的话题路径图展现给对方之后，进行如下说明。

"理由有 3 个。第一个是我们导入了尖端的网络技术支持；第二个是回应多样化的需求；第三个是保护地球环境的设计。那么我就从第一个导入了尖端的网络技术支持开始说明。"

这样展开话题会让对方很安心。

如果你觉得其中一个的说明会进行很久，就可以在对话途中再度插入话题路径图。

"到此为止，已经介绍两个原因了。第一个是我们导入了尖端的网络技术支持；第二个是回应多样化的需求；第三个是保护地球环境的设计，具体来说就是……"

这样表述会让说话的一方和倾听的一方都很安心。

将让对方接受你意见的理由整理成 3 个

理由过多会让对方觉得混乱

课程 15

从 3 个方向入手能让你更善于总结

▌ 使用 3 个时间点总结

将理由总结为 3 个是很重要的，因为这能让对方更容易理解。但是并不是说将你随便想到的 3 个理由罗列在一起就可以了。

如果这 3 个理由在某方面有规则或关系，以这个关联为"轴"进行总结就会让对方更容易理解。

首先，以时间为轴总结为 3 个理由会怎样呢？

假设你成为新设项目的领导人，在会议上你自然会成为对话的重心。

此时，你将这个项目按时间分为 3 个阶段——阶段一、阶段二、阶段三，然后说明每个阶段由谁来负责什么工作，你的队员就会很容易理解自己要做什么。

人有一种将时间分为 3 段的习惯，所以你只要顺着这种习惯说话就好。"过去—现在—未来"这种分组也好，"短期—中期—长期"这种分组也不错。

▌ 使用 3 个等级总结

假设你进行了一个公司内部的交流意识调查，之后要向人事教育部门进行说明。

在这种情况下，从"经营者—管理者—员工"3 个等级对他们所抱有的问题进行解释说明。

例如，经营者并没有彻底推行经营方针，管理者的指示与命令系统混乱，员工之间的交流问题等。

像这样分成 3 个等级进行说明，就能让人事教育部门完全理解这次交流意识调查的结果，然后制定最合适的人才育成项目。

此外，还可以以规模的"大—中—小"为主轴，按"大型企业—中型企业—小型企业"这样的等级划分来展开话题。

例如，你在作为企业领导者进行销售战略说明时，按企业规模分类来讲述不同的攻陷方式，就能让每位队员都把握自己应该做什么。

此外，还有按照"上—中—下"3 个等级划分的方式。例如，学生的成绩单会按"优—良—差"来判定，鳗鱼饭分为"松—竹—梅"3 种类型，奖牌有"金—银—铜"3 种，这些都是活生生的例子。

| 使用 3 个地域总结

人们习惯将地域分为"北部—中部—南部"3 个。所以我们可以顺着这种习惯进行对话。

例如，在聚集了全国分店店长的会议上，说到收支平衡的话题时，如果你从每个都道府县细分，"札幌分店是……""青森分店是……"这样按顺序进行详细报告的话，最南部的如仙台分店的店长一定会拼命忍住打哈欠的欲望来听。

为了不出现这种情况，最开始就要分成 3 个地域展示整体。

"本日的分店收支平衡汇报将会把全国分为 3 个地域进行说明。先介绍北部，然后是中部，最后是南部。"

像这样先把你的话题路径图展现给对方，然后再详细汇报各分店的情况就好多了。

当房地产公司工作的人为来店里看房的客户推销房屋时，会将推销的话题分为"最近的车站—房屋的位置—周边的设施"这 3 点来进行说明。

> 让你的话题有规则性和关系性

1 按时间总结

- 过去—现在—未来
- 阶段——阶段二—阶段三
- 短期计划—中期计划—长期计划

2 按等级总结

- 经营者—管理者—员工
- 大型企业—中型企业—小型企业
- 优—良—差

高

低

3 按地域总结

- 北部—中部—南部
- 最近的车站—房屋的位置—周边的设施
- 原材料加工区域—组装区域—成品包装区域

迎合听者的类型将话题整理为 3 个

　　当合作方负责人来自己公司的工厂参观时，你可以将工厂分为"原材料加工区域—组装区域—成品包装区域"这3个区域来引领对方参观。

　　如果不知道该和对方说些什么，或者想说的话太多了，就要选择能让对方更容易理解的形式——过去—现在—未来这种"时间"、上—中—下这种"等级"；北部—中部—南部这种"地域"，然后填入话题的内容，这样你的话题就会很容易被对方理解和接受了。

课程 16

只要能回答 3 个问题，就能说服任何人

▎ 以让对方找不到问题为目标

充满热情地展开了话题，然而对方的反应却平平淡淡——遇到这种情况大家都会很失望吧？

就像你和上司报告今年的业绩。

"今年的销售量是去年的 150%，获得了飞跃性的提升！"

你在这样说的时候，也许是在期待上司的"你做得很好"的回应。

但是得到的回复却是一句平淡的"然后呢"和冷淡的眼神。

为什么会这样呢？

理由很简单，上司并不同意你的说法。

那么我们该怎么做呢？

就像之前说的一样，以"3"为轴心展开话题，把理由整理为 3 点，你就会让对方听得信服了。

为此，你必须以"因果关系""例证""价值基准"这 3 个条件来说服对方。

"因果关系"展示了你有这样的意见的原因。

例如，销售量提升这一点，加上"销售量会提升是因为需求激增了"的说明。这就像针对结论说明理由一样。

"例证"则是列举出具体的数字和客观的事实。

"需求激增"这一句话只是主观意见，欠缺说服力。

所以你要加上"具体来说，新商品 A 发行之后，女性客户增加到了原来的 5 倍"这样的事实。

自然，不管是因果关系还是例证，如果能准备 3 个来列举，就是最完美的了。

▎向对方展示你的价值基准会让信赖度升高

那么，"价值基准"是什么呢？

它就是"以什么为基准是好的"这一尺度。

例如，在面对"是去年的 150%"这样的业绩时，有人会感到非常开心和满足，但也有人会觉得不够而感到不满。甚至还会出现说出"这样根本没什么提升"的负面评价的可怕上司。

如果你想把"是去年的 150%"积极地展现给对方，

你就需要如下说明。

"竞争对手 B 社今年的业绩只是他们去年的 110%，比较来说，我们的数字绝对不差！"

这种价值基准将是支持你论点的不可或缺的要素。

但是在日常生活的对话中，有这种意识的人少之又少。为了当被反问道"你真的这么认为吗"时不萎缩退却，我们需要提前准备，这样别人也就会更加信任你了。

必须能回答出下面这 3 个 "？"

"为什么？" ……因果关系

"因为……"

"例如？" ……例证

"具体来说……"

"真的是这样吗？" ……价值基准

"比较来说……"

只要做到这 3 点，对方就不会心存疑惑了

课程 17

从 3 个视角进行检查就不会有遗漏

虽然你想有逻辑地进行说明，但是总会出现遗漏。在这种情况下，对方就会产生"他的话真是偏激""完全是他自己的想法"的反驳心态。

为了不出现这种情况，我们要习惯从多方位思考事情。

具体来说，就是从立场、场所和时间这 3 个视角来检查你是否有所遗漏。

▎改变立场思考

首先，让我们从立场的视角来检查。简单来说，就是改变思考问题的视角。

例如，你在向客户推销你们的新产品。

"最近我们公司发售了一种新产品……在我们公司技术力的支持下……我们公司产品的特征是……作为我们公司首推的机种……"

如果你这样推销，你就是完全不合格的。这并不是向对方进行提案，而是强买强卖。

在这里稍微试着改变一下自己的立场来思考，也就是站在客户的角度来思考。

例如，"客户会有什么问题呢""客户在使用我们的新产品之后会获得怎样的好处呢""对客户来说导入我们的新产品的障碍是什么"，像这样自问自答。然后你在向客户推销时，就会使用不一样的方法。

"为了解决贵公司的问题……贵公司能获得的好处是……为了让贵公司能顺利导入这一新技术……"

像这样，主语从"我们公司"变成了"贵公司"。换言之，就是将销售对话中的"我们公司"全部替换成"贵公司"，你就能检查自己是否有遗漏的地方了。

改变立场思考是非常重要的。

作为一名员工，如果你想向上司表达自己的不满，你就可以将自己放在管理者或经营者的位置上进行验证。

这样你想法中偏激的部分就能被剔除出去，使其成为作为公司这一整体更容易接受的意见。

改变场所思考

改变场所思考也能防止遗漏的出现。

　　假设你作为总公司的员工，在聚集了分店店长的会议上对原料购入方式进行说明。新的购入方式并没有沿用以前的系统，而是选择了透明度更高、更有效的系统。用这一系统可以让总公司完全掌控所有分店的情况。

　　你充满自信地开始讲述。

　　但是在你的说明完成之前，就有很多分店店长开始抱怨了。

　　从"提升生产力"这一方面看来，这毫无疑问是个好的提案，但为什么大家会抵触呢？

　　分店店长之所以抵触，是因为这种做法无视了分店的独有情况。也就是说，总公司和分店的商业习惯本来就有差距，将总公司的做法强加在分店里只会让生产现场不能顺利开展生产活动。

　　为了回避这样的矛盾，你就要将思考的场所从总公司转变为分店。

　　同样地，城市和农村、国内和国外这样的视角转换也是可以的。

┃ 改变时间思考

活用"过去—现在—未来"这 3 个时间轴，也能帮你防止遗漏的出现。

例如，回忆过去创业时期的经营理念，可能有助于你产生新的想法。彻底分析过去的胜负模式，没准就能发现新的"胜利的公式"。

也许你已经发现，事实上，只要扩展你的视野，让你的想象空间变得更丰富，就能防止疏漏的出现。

改变立场，改变场所，改变时间。

如果你能做到这样超越时间、空间的自由思考之旅，那么你距离昂首挺胸地成为工作专家的日子就不远了。

掌握多面性思考的 3 个方法

1 改变立场思考

- 我→你
- 我们公司→贵公司
- 部下→上司

2 改变场所思考

- 总公司→分店
- 城市→农村
- 国内→国外

3 改变时间思考

- 现在→过去
- 现在→未来
- 过去→未来

扩展你的想象空间，就能预防话题出现遗漏

课程 **18**

使用 3 种接续词，预告你接下来要说的话

活用句号

在和别人聊私事时，说得太长会让人感觉你在写文章。出现这种状况的原因是，你想到什么就说什么。

在注重逻辑性的商业交流中，有意识地将句子切短是很重要的。这是因为在太长的句子中主谓宾会非常混乱，很难看出这句话想要表达的意思。

大家可以比较一下下面这两句话。

A："今天的公司会议已经终止了，很多暴躁的来宾都非常生气，使得场面异常混乱，待客室的花瓶也被摔碎了，我想我们现在应该认真考虑一下客户投诉的问题了。"

B："今天的公司会议已经终止了。很多暴躁的来宾非常生气，使场面混乱异常。待客室的花瓶被摔碎了。我们现在应该认真考虑一下客户投诉的问题了。"

感觉如何？

用逗号断句的 A 让人感觉不知道他要表达什么，而用句号断句的 B 则很容易让人看出整体内容。

86

▌ 使用接续词表示方向

但是，如果所有间断都用句号断句的话，我们就很难掌握句子之间的前后关系。

因此我们要在句与句之间添加接续词来让文章更通顺。

在商业交流中特别常用的接续词有"是因为""例如""也就是说"等。

C："今天的公司会议已经终止了。因为很多暴躁的来宾非常生气，场面混乱异常。例如，待客室的花瓶被摔碎了。所以说，我们现在应该认真考虑一下客户投诉的问题了。"

在插入接续词之后你就能立刻理解具体发生了什么。

这里需要注意的是，接续词事实上预告了话题的前进方向。

插入"是因为"，说明下面你要解释理由了。之后用"例如"这样的接续词引出事实。最后再用"也就是说"这样的接续词整体概括你的话题。

熟练使用接续词不仅能牵引对方的关注，还可以有逻辑性地展开话题。

接续词是话题的引路人

"是因为……"	——理由
⬇	
"例如……"	——事实
⬇	
"也就是说……"	——概括

使用接续词可以防止听者走神

课程 19

用 3 类事例进行对比，能让对方更容易抓住特征

▍ 展示对立点

不管你多努力地说，也会有人表示"还是不能接受"。

"也许是像你说的那样""是有你说的这种情况"，像这样虽然暂时表示理解了你的意思，但其实对你说的话毫不关心。

这种情况确实让人头疼，但你可以通过插入对比来向对方进一步展示自己的意思。

例如，在向刚加入团队的新上司进言该向新的领域发展时，你会怎么说？

"我们公司如果以成为业界领导型公司为目标，就应该向新的领域发展。"

大多数人都会这样带有热情地进言吧。

但是上司并不会那么容易就点头，虽然你的上司并没有说出来，但是他心里想的一定是"这种事情即使你不说我也知道"。

那么，我们该怎么表述呢？

通过向对方展示与你想说的内容正好相反的部分，即对立点，来衬托你想说的内容的精彩之处。

"如果不拓展新领域会怎么样呢？"

这样反问对方，就会让上司产生危机感，并有醍醐灌顶之感。

▌ 找到异同点

上面这样将完全相反的事情展现给对方是使用对比的最典型的方式。除此之外，还有其他的以对比吸引人注意的方式。

那就是展示异同点。

展示不同点是这样的。

"A 社已经开始进入这个领域，所以我们要不要在 A 社的价格基础上稍微降一些来开发产品呢？"

展示相似点是这样的。

"A、B 两社都已经进入这个领域，所以我们也应该赶快追上他们才是。"

"我们公司如果以成为业界领导型公司为目标，就应该向新的领域发展。"这种说法并不会打动对方的心。

对立点、不同点、相似点，你只要向对方展示其中一点，就能摆脱老生常谈的标签。

将想说的内容用对比的形式表现出来

1

展示对立点

"如果……我们没有……"

2

展示不同点

"比 A 社的价格稍微低一些"

3

展示相似点

"A、B 两社都……所以我们也……"

比起将同样的内容重复 100 次，你用对比的传达方式更能让对方理解你的意思

课程 20

从 3 个角度检查你的话题是否具有说服力

尝试回答 3 个问题

当要向别人传达信息时，首先自问自答来确认一下这些信息是否妥当也是很重要的。

具体来说，就是从 Want（想做）、Can（能做）和 Must（必须做）这 3 个角度来验证自己的主张。

例如，要向上司提案，你就可以先自己验证一下你的计划书是否有问题。

"这个计划书真的是'想做'的事情吗？"

"这个计划书真的是'能做'的事情吗？"

"这个计划书真的是'必须做'的事情吗？"

如果你能顺畅地回答出这 3 个问题，你的计划书就非常有说服力了。

但是，如果你做不到这点，在你向上司提案之前就要重新审视一下自己的计划书了。

检查自己的主张

检查

1 是想做的事情吗？

2 是能做的事情吗？

3 是必须做的事情吗？

缺了哪一个都很难说服对方

┃ 看清你的意见的可实施性

"想做吗""能做吗""必须做吗"，这 3 个问题中任何一个回答不上来都可能意味着你的计划书不能通过。

用简单的例子来说明一下。

你想放松身心，所以想到要不要去泡那个据说很有效的温泉。

首先，你要问自己："我真的喜欢泡温泉吗？"

如果你对温泉并没有什么兴趣，只是偶尔看到了这个温泉的宣传广告，那么在构想阶段就放弃计划比较好。

因为即使你去泡温泉了，也并不能放松身心。

然后，即使你非常喜欢温泉，但是请不到假或攒不出旅游费，你也要重新审视一下自己的计划。

如果没有假期或没有金钱的话，你就只能放弃计划了。

最后，就是检查。你很喜欢温泉，在时间和金钱方面也没有问题，你要确认的就是，想放松身心真的必须去泡温泉吗？

"其实即使不去泡温泉，随便去家附近做个按摩也足够了，最近我也没积攒过多的压力……"

如果有这样的想法，你也最好放弃你的温泉之旅。

课程 21

想要改变的话，从
事实、解释和意见
3 个步骤入手

┃ 不要害怕对立

你在说话的时候有没有因为被人插嘴、反驳，而渐渐变得不耐烦，或者因为对方的反对态度而伤心呢？

反过来思考，对方出现这种态度正是因为你的话语传达到对方头脑中了。因此，不要害怕对方的对立态度。

虽然这么说，你也不能一直气势汹汹的，还是要尽量保持平和的态度。

假设在你正要汇报市场调查结果时，开发团队的同事跟你这样说：

"好不容易才发行的新产品，你怎么还鸡蛋里挑骨头。卖不出去又不是开发团队的问题！"

听到这话，你没准儿会突然有一股火，但此时你也不能随心所欲地反驳对方："你说什么呢！和你说的根本不一样，好吗！找碴儿的是你们好吗！"

┃ 只提出意见并不反驳

在反驳对方意见的时候，大多数人都只会说自己的意见。

例如，后面这种情况。你在卖荞麦面的餐馆和朋友一起吃面。

"这儿的荞麦面真难吃。"

朋友一边说，一边皱着眉头，但是你的想法不太一样。

"没有啊，挺好吃的啊。"

你想要反驳你的朋友，但是只说这么一句大概就会让人觉得是口味嗜好不同才会有的意见分歧。那么，你该怎么办呢？

那就是不只表述你的意见，还要将事实和解释都加进去。

例如，你的朋友说："这家店在大众点评上的评价只有一星啊。"你就要用"只是偶尔一个人的评价比较低罢了"这样的事实，来反对对方轻信流言的态度。

然后，你的朋友还在说："只有一星怎么想都很奇怪啊。"你可以回答他："这一星不是指面不好吃，而是店里的氛围不好吧？"用这种理由来解释一星评价的原因。

以 3 个步骤来回应对方的意见

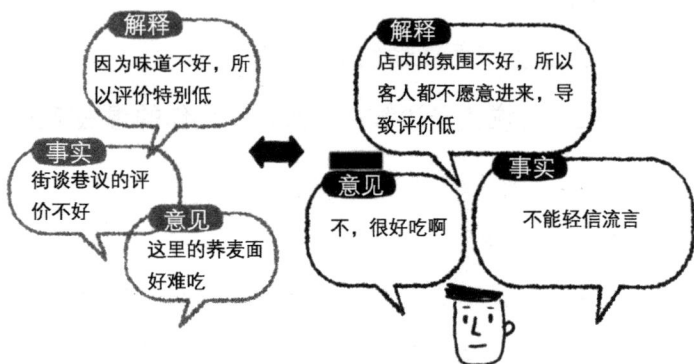

解释
因为味道不好，所以评价特别低

事实
街谈巷议的评价不好

意见
这里的荞麦面好难吃

解释
店内的氛围不好，所以客人都不愿意进来，导致评价低

意见
不，很好吃啊

事实
不能轻信流言

如果你只说了意见这一部分，是不能有效地反驳对方的

课程 22

使用 3 次"您的意思是",将对方推到绝境

▎3 次提问能让对方的理论崩溃

像上面说的一样，不要太害怕对方反对你的意见。

但如果对方的反驳态度过于急躁，或者遇到了自尊心过强的对手，你也可以选择诱导对方"自灭"的方法。

具体来说，就是使用 3 次提问来打破对方的逻辑。

① 为什么？

② 例如？

③ 真的是这样吗？

你有没有发现，这 3 个问题其实就是前面提到的为了不留下疑问而自己问自己的问题（具体参考课程 16 ）。

也就是说，要通过"因果关系（理由与原因）""例证（具体的事实）""价值基准（能成为解释根据的资料）"来引导对方进入逻辑破碎的状况。

▎这是必杀技

下面介绍的这种方法大概有些残忍，但是你的态度表面上却很平和。

这么说是因为你并没有攥着对方的弱点不放，而只是提了几个问题而已。

再补充一点,就是你所有的问题都可以用"你这么说的原因是……"来提问。

例如,对方在大力跟你推荐他的商品,说:"这个商品会卖得很好。"

听完后,你回复对方:"你这么说的原因是……"用这句话来询问对方主张中的因果关系。

然后,对方可能会回答你:"因为相似的商品就卖得好!"

你静静地听他说话,这时对方应该在非常有气势地表述自己意见的正确性。你要挑选一个适合的时机再插入一句"你这么说的原因是……"来向对方寻求例证。

"例如,A 公司的新产品就卖得很好嘛。"

对方这样回答你,却不禁有些冒冷汗。

你却不会就这样放过他。

"你这么说的原因是……"

到这里,对方终于放弃了。

"……我这么说是因为它们确实卖得还不错吧……"

和刚开始说话的状态完全不同，他变得毫无条理、语无伦次。而此时就是他的价值基准崩溃的时刻。

用 3 个问题来追问对方

这个商品会卖得很好哦！

你这么说的原因是……

因为相似的商品就卖得好！

你这么说的原因是……

例如，A 公司的新产品就卖得很好嘛。

你这么说的原因是……

……我这么说是因为它们确实卖得还不错吧……

用"你这么说的原因是……"来追问对方理由与原因、具体的事实和能成为解释根据的资料

第三部分

"3" 的法则
让对方有行动（利益）

你为什么要和对方交流呢？

因为想让对方理解你？和你有共感？

自然也是有这样的原因的。

但是在商业环境中，更多的是想通过自己的话语让对方展开某种行动。

但是，就算对方理解了你的意思，大多数情况下也不会立刻就改变自己的行动。

那么，我们该怎么办呢？

改变他人行动的最好鱼饵就是"利益"，你只要给对方展示这一点就好了。

第三部分中回答了"该怎么说话才能让对方感到利益的存在""如何与不爱改变自己行动的人交流"这样的问题，还介绍了一些交涉场合下的对话方式。在这里，也会将稍微有些难度的技巧介绍给大家。

请大家一边想象自己实际工作场合的情况，一边熟练掌握这些能帮你获得胜利的技能。

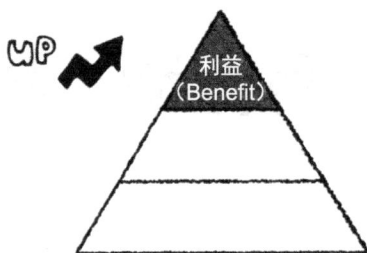

课程 23

为了不被说出"与我无关"而需要注意的 3 点

｜ 阐述对方的利益

你说着极富逻辑性的话，对方接受了你的话。这下你的工作就完成了——

虽然想象中是这样的，但现实并没有这么简单。

先忽略那种需要你拼死谢罪的场合。当你需要对方某种协助时，你必须通过语言激发对方的行动。

例如，你在向客户宣传自己公司的产品。只让对方了解你们产品的优点是不够的，只有他们真正买下你们的产品，你的销售才算成功。

"你们的产品不错，但是……"

这种带着"但是"的转折回应你见到的应该不少了吧？

听到这句话之后，你只好卑躬屈膝地说"还是请您再考虑一下吧"，做出这样仿佛强买强卖的举动。

而且，你不要以为这样做就能顺利卖出去了。

想要打动对方让对方采取行动，你必须将"利益"明确地传递给对方。

简单的例子就是下面这样的。

"只要活用我们产品中的节能机能，营运成本就能减少为原来的一半。"

︱ 以对方对主体进行对话

当人们感觉会出现得失时，就会进入"试试看""我再想想"的认真状态。想要让对方认真对待，你必须让他们产生当事者的意识。

但是在这里陷入困境的人也并不在少数，因为他们不知道该怎么说才能让对方产生当事者的意识。

首先，你要做的，就是以对方为主语展开话题。

"我提案的原因是……""我们公司产品的特征是……"像这样自始至终都在自我展示的销售人士不在少数。正确的表述方式应该是"您现在面对的问题是……""贵公司为了解决问题……"

在课程 17 中提到的"转变立场思考"能帮我们防止出现遗漏。将主语的第一人称转为第二人称，你就能在不知不觉之间让对方站在当事者的角度思考问题了。

对方也会认为你们在说的是有关他的事情，所以不会无视你的话题。

请想象一下下面的场景。

你向某个小镇的工厂厂长推销最新的电脑会计系统。

"我们的会计系统涵盖了全部个人企业和上市企业，有非常多的客户给了我们极高的评价。此次，我向您提议采用我们这种不仅可以处理通常的经理业务，而且从在库管理到公司结算都可以解决的系统。而且因为使用了云系统上传，所以在与外部公司合作时也可以使用。"

身为老练商人的厂长思考着"能够从整体上管理金钱，这样不错，但是……"，并没有立刻就采用新系统的想法。这是因为他并没有从你的话中看出导入新系统能获得的利益。

那么，你换成这样的说法又如何呢？

"贵工厂大概以前都是人工处理经理业务的吧？但是只要导入我们的计算机会计系统，不仅是平常的经理业务，而且从在库管理到公司结算都能手到擒来。操作方法非常简单，个人企业的管理者也给了我们很高的评价。贵工厂的情况是每月都会请顾问税务师来上门帮你们进行决算吧,使用我们的云系统就可以让他们在自己公司帮你们决算了。"

商品(计算机会计系统)的销售方式是一样的,但是给对方的感觉却非常不同。

站在对方的立场上组合对话内容

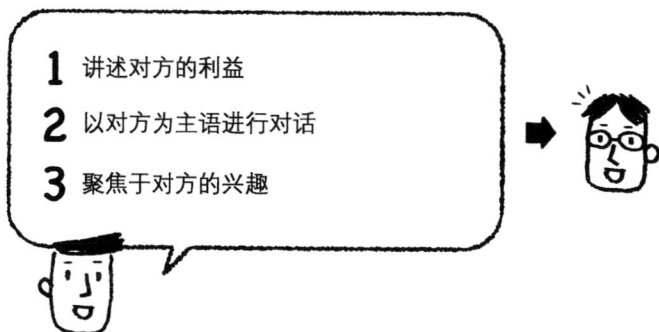

1 讲述对方的利益

2 以对方为主语进行对话

3 聚焦于对方的兴趣

不仅要让对方抱有问题意识,还要让对方有当事者意识

| 聚焦于对方的兴趣

要想让对方清楚地意识到有什么利益,你就要遵循让对方听到他们想听的内容的原则。

如果不这样做，对方就会感觉不满足，如下面这种例子。

在公司的介绍会上，人事部负责人在热情地说着：

"我们公司从建立到现在已有一百余年了……历代的会长都是经济团体的领头羊……飞速挣脱泡沫经济的影响……福利的充实度也是业界第一……今年我们还在积极拓展海外业务……"

一直听这样的话，你会有进入这家公司工作的想法吗？

这段话前半部分都在讲公司的历史，描述公司是如何在业界成为翘楚的。比起这些内容，更应该讲一些与参加介绍会的人有更多接触点的事情。

例如，"从这些历史中继承下来的信赖，可以让你们自豪地在公司工作"。

而且更重要的是，你应该最先讲述的是这些参会者想听的事情。

如果公司追求全球化的人才，你就应该对着参会者说：

"大家对我们公司有怎样的印象呢？大概是安定的老铺企业吧，但是为了满足在全球中活跃着的你们，我们也在不断推进海外事业的发展……"

公司的历史和发展过程在这之后再说也不迟。

课程 24

向对方展示 3 种利益后，对方就能产生动力

让对方实际感受到利益的存在

在接受你的提案之后，对方会获得怎样的利益？在对方采取行动之前，你要首先思考这个问题。即使对方嘴上说着"原来如此"，实际上会不会采取行动也是未知数。

在这里，我们重新思考一下利益到底是什么。

一般来说，提到利益就想到赚钱。但是我这里提到的利益并不仅指代金钱。

利益分为以下 3 种：

① 物质上的利益——金钱或可以用金钱换到的东西。

② 心理上的利益——感觉到工作的意义，觉得努力获得了回报，产生工作信念。

③ 情绪上的利益——开心、快乐。

物质上的利益应该很好理解，但是心理上和情绪上的利益看着就有些陌生了吧。

下面用实际的对话案例进行说明。

例如，你在向作为你直属上司的科长汇报销售促进计划。

在听完你的陈述后，科长看起来接受了你的说法，但是没有说出批准的话。

此时，你就要这样说。

"只要通过了这个方案，我们的销售量就能倍增！"

首先展示你物质上的利益，然后继续说道：

"我能负责这个产品的销售，多亏了科长您能说服那个顽固的部长，不愧是科长。"

用称赞向科长展示心理上的利益。此时的诀窍就是让对方变成"主角"。

最后再来一句：

"如果您能同意这个方案，我会非常感激您，今后我也想一直跟着科长您干！"

通过展示你的决心，让对方感受到情绪上的利益。

将 3 种利益结合在一起传达给对方

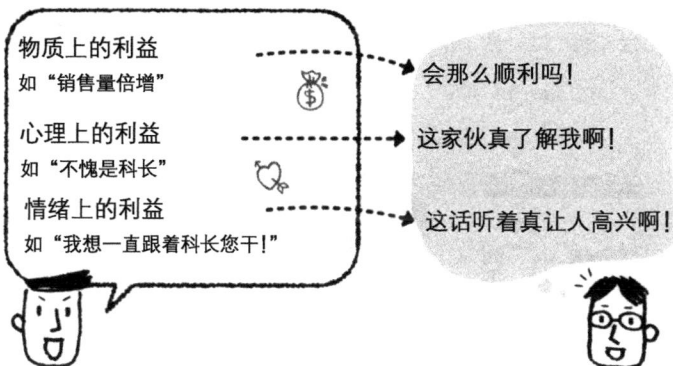

物质上的利益
如"销售量倍增"

会那么顺利吗！

心理上的利益
如"不愧是科长"

这家伙真了解我啊！

情绪上的利益
如"我想一直跟着科长您干！"

这话听着真让人高兴啊！

利益不只限于"物"，打动人心也是很重要的

▎将没有利益变成有利益

说到这里，你会不会出现这样的疑问：

"如果对方根本无法获得利益，该怎么办呢？"

这个问题确实很难解决。但是从积极的角度来思考也不是无解。

例如，在解雇员工时，你这样说："公司现在也是不景气，能不能存活下去还是问题呢，所以你最好去新天地闯一闯找到更适合自己的道路吧。"

如果用上面的 3 种利益来表述的话，就是"解雇金也增加了""你的前途无量""不能和你一起工作我感到很遗憾"。

课程 **25**

从自己、对方、第三者这 3 个突破口让对方理解你

| 关注客户的客户

通过上文，我想大家应该都明白了将"利益"传达给对方的重要性。

也提到了可以将没有利益的事情通过积极的表现方式转变成有利益的事情。

那么接下来，我们能不能进一步将对方的利益变得更大呢？

做出让对方听到之后就会说"嗯，我知道了，就这么做吧"的表述。

商业人士必须掌握的一项能力，就是站在客户的客户角度思考问题。

再重复一遍，"我们公司的服务……我也觉得……"这样只阐述自己情况的人是很容易出现逻辑上的疏漏的，你说的话也可能与对方的思路背道而驰。因此要站在对方的角度思考，使用"贵公司……您……"这样的表述方式。

上文已经很清楚地讲述了这个道理，问题在后面。

那就是，我们不仅要关注眼前的客户，还要关注客户背后的客户。

这样我们就有"自己""对方""第三者"3 个话题的插口了。要说的自然都是有关于利益的事情。

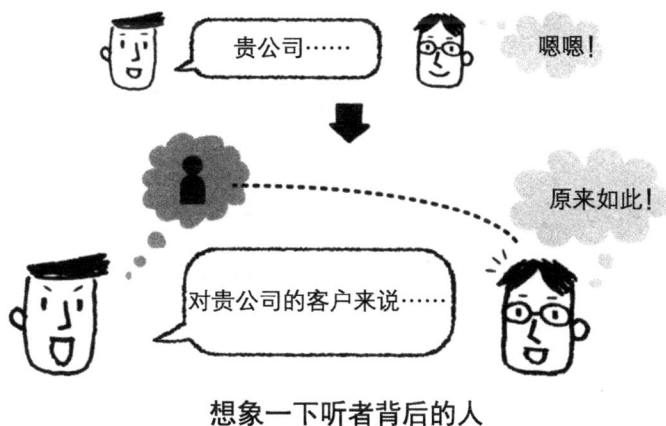

想象一下听者背后的人

告诉对方他不知道的事情

我们用具体案例来说明。

这是食材厂商的销售员与饭店的进货负责人的对话。

"这附近也在不断地开发啊。"

销售员用这句话代替了打招呼的话，并顺手接过对方的订购单。

"种类、数量大致都和上个月一样，麻烦您了。"

进货负责人这样说道，将食材的单据递给销售员。销售员仔细核对了一下单据，这样回应道：

"谢谢您一直在我们这儿订货。不过，车站前新建的高层公寓已经开始入住了，我想最近应该会出现很多新的年轻居民，这样会不会对你们的菜单有影响呢？毕竟至今为止，你们的菜单主要面向的还是高龄客户层。"

进货负责人听到这段话，一下子做不出回应了。因此，销售员继续说道：

"如果可以的话，我明天再来一趟，来拿更改后的订购单，您觉得如何？"

进货负责人听完后满面笑容地送走了销售员。

告诉客户他们没发现的事情，就能将巨大的利益传递给对方。

课程 26

展示 3 个方案，防止"无法决定"和"不好决定"的出现

┃ 2 个方案会让对方若有所思，第 3 个方案则会产生创造性的变化

在与对方有意见上的对立时，双方最终以第 3 个方案妥协的情况不在少数。

例如，你分析了员工之间的交流少，工作业务的效率低，引起了客户的投诉，然后，你提出了解决方案："使用员工业务手册规范员工行为。"

听完后，上司极力反对。

"只给出员工业务手册并不能解决问题。因为手册并不能教你如何随机应变，最主要的还是在现场积累经验。"

看，很头疼吧。你被夹在"标准化的业务手册"与"随机应变的现场经验"中无法动弹。

此时，你想到了第 3 个方案。

"那么，不给员工标准化的业务手册，而是让员工自己制作员工手册，这样是不是就能实现随机应变了呢？"

解决难题的时候，我们需要有逻辑性和创造性。

但是这并不容易。我们想出的办法经常只能勉强渡过目前的困境。

那么，我们该怎么办呢？

那就是去思考第 3 个方案。

这样，我们不仅能有一个有逻辑的方案，同时这个方案也会充满创造性。

也就是说，最开始我们可能只想到 2 个方案，我们要将这 2 个方案结合在一起，创造出新的方案。

用第 3 个方案展开突破口

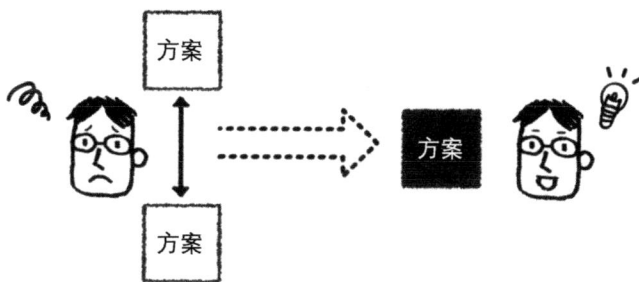

相反的 2 个方案孕育出的第 3 个方案更富创造性

┃ 预留出选项让对方选择

准备 3 个方案，不仅能够发现优秀的创意，也能顺利引导我们得出结论。

只提出一个方案并进行一边倒的说明，对方就会觉得你背后是不是隐瞒了什么。也就是说，如果没有选项，对方就不想做出决定。

但如果选项太多，就会陷入无法决定的状态，因为不知道选哪个好。

所以我们要向对方展示 3 个方案来让对方选择。

实际上，我们可以引导对方按我们的想法来选择。

"A 的机能非常完美，B 的价格十分合理，但是综合考虑的话，C 的性价比是最好的。"

如果这样说，那么不去买 C 的客户是非常少的。

课程 27

当商业谈判以三角形进行时会更顺利

▎ 对立的构图很容易崩溃

有"抢馅饼"这样一种说法。

它是指在有限的市场需求中与其他公司竞争销量和利润。"馅饼"源于"苹果派"这个词。抢馅饼是指将餐桌上放着的圆形的苹果派切开分食,后来才将这个动作用在商业中。

而本课程的标题中"商业谈判以三角形进行"的意思,是指不要把苹果派切分,而要再准备一个苹果派。

在普通的商业谈判中,你与对方之间会有一个谈判的案件,其中会出现你和对方相互竞争的构图。而这样下去,永远也无法实现双赢。

所以我们要像下图一样,让你和对方从商业谈判的对立轴中挣脱出来。用印象图来说,就是为谈判的案件添加一个"V"的角度,从而让相互竞争的印象变弱。此时,就由竞争变成了互相贡献的关系。

这样一来,你与对方就会成为合作伙伴并构建互助关系。

将交涉中的对立变成互助

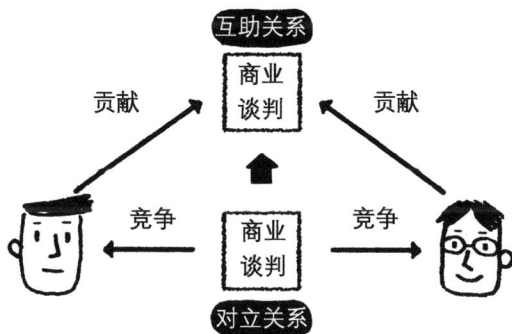

将商业谈判的内容放在一边，先创造双赢的三角形

| 不要和谈判对象争执

"双赢的三角形"可能有些难以理解，所以下面列举一些具体的例子来帮助大家理解。

例如，销售部和生产部在处理客户订货时产生了对立的关系。

销售部要求生产部"按时交货"，但是生产部表示"不能按时交货"。

两个部门开始拉锯战之后，生产部抱怨"销售部只要客户有订货，不管什么条件都接受，这让我们很苦恼"，而销售部则表示"如果拉不到订单，就什么都没有意义了"。

这样争论下来，双方都变得很情绪化，其他人也不好介入收拾残局。

那么让我们看看对立的构图。让我们试试将谈判的问题，也就是"交货期"，从对立的轴心上取出来。然后就会出现这样的对话。

生产部："不用旧机器，如果能购入新机器的话应该能按时交货，怎么样？"

销售部："换了新机器对客户也有好处，要不我们就先这么定了？"

对客户和价格及购入费如果都满意的话，问题就瞬间得到解决了。

而且销售部和生产部在这次商业谈判中都会感觉自己赢了，或者说没有输。

这就是所谓的双赢关系。

课程 28

让 "Yes" 出现在谈判中的 3 步

┃ 从表明立场开始

在日常工作中，进行报告和联络的一方可以看作说话的一方，而接受汇报的上司则是听者。双方的意见冲突在谈判中并不会因为是说话的一方还是听者有所变化。因此，在很多谈判中，双方在各自立场都没有明确的前提下就开始交涉了。

例如，下面这种情况就时有出现。

"没钱赚的东西还是别卖了。"

上司这样劝员工。

但是员工并没有接受上司的意见，实际上他极力反驳了上司。

"这种消极的态度真的合适吗？现在这个时期，难道不是降低利益也要拉拢客户吗？"

上司和员工的目的都是提升业绩。但是因为他们的立场不同，所以即使这样继续讨论下去，也不会得出什么结论。

所以，我们首先要表明自己的立场。就算在以殴打对方来获得报酬的拳击比赛中，双方也要互击手套才能开始比赛。

商业中也沿用了类似的规则。

"今年公司的目标是消除这几年积累下来的赤字，所以比起销量，我们更看重利益。"

这是上司的意思。此外，员工也表示了自己的意思。

"公司的经营很不容易我们也理解，但正因此，我们才需要扩大新产品的市场占有率。"

这其实是短期视角和长期视角之间的区别，也是产生对立意见的原因。

成功引导谈判的 3 个步骤

步骤一 表明自己的立场

步骤二 让对方表明立场

步骤三 基于不同的立场寻找解决方案

不清楚双方的情况就无从下手

换句话说，我们只要把握好视角的区别，就能推动问题的解决。

▎用 3 个问题解决问题

办公室里，两名员工在激烈地争执。从外人看来，这两人说的其实是一件事。

这种事情也是经常出现的。事实上，想要谈判成功，最重要的秘诀就是基于不同的立场寻找解决方案。

想要明白立场区别，下面的问题非常有效：

① 为什么会有这样的要求？

这是为了理解对方提出这种要求的背景，也包括理解对方的想法。

② 为了什么提出这样的要求？

具体理解对方的目的。

③ 相同的部分是什么？

如果从物质上、心理上相互理解的话，我们就能找到解决问题的途径。

课程 29

3 个词语放在一起会让你动摇

▎ 3 个名词

想把你的话牢牢地刻在对方心里，你需要不断重复表述。

例如，你是个团队领导者，想要提升队员的工作积极性。你会利用晨会的时间激励他们，"在着手做之前不要想太多，先去行动"。

但是，没什么效果。

在这种情况下，你只需将你想强调的内容用一个词语（名词）表示出来，并重复 3 次。即变成下面这种：

"现在最重要的就是，一、行动，二、行动，三、还是行动。"

只是重复 3 次同样的词语真的会这么有效吗？也许你还在怀疑。实际上，这个方法已经在很多地方得到了应用。

英国原首相托尼·布莱尔就进行过非常知名的演讲：

"为了确保雇佣，我们该怎么做？那就是，第一，注重教育；第二，注重教育；第三，注重教育。"

之后，日本当时的首相菅直人在与布莱尔首相的电话会谈中说道：

"国内经济复苏的方法就是：第一，雇佣；第二，雇佣；第三，雇佣。"

虽然看起来有些照猫画虎，但是这种表述方式确实很容易让人理解。

｜ 3 个形容词

除此之外，将 3 个不同的词语（形容词）连接在一起，也能让你将想说的内容有冲击性地展现给对方。这样也能给对方留下深刻的印象。

例如，当你教后辈如何待客时，只要告诉他"待客时最重要的就是，一、开朗，二、温柔，三、体贴"就可以了。

少年时期过着极度贫穷生活的查尔斯·卓别林也使用过这种模式的表述：

"人生最重要的就是爱和勇气，还有一点点的钱。"

在标语和广告中也常使用有节奏的三拍表述法。其中选择 3 个形容词来宣传，更能让听者情绪高昂。

在商业中，当表达自己的意思或激励队员的士气时也可以使用这种方式。

例如，在表示待客之道时经常使用这个标语：

"快速，温柔，温暖"。

用积极和押韵的词语，在表现上更有效果。

词语的重复效果不可忽视

要点一　重复同样的名词
例如，一、行动，二、行动、三、还是行动

要点二　用 3 个形容词展开
例如，一、开朗，二、温柔，三、体贴

只是单纯地重复 3 次词语，也能让气氛高涨起来

课程 30

将一个句子重复3 次，能让对方采取行动

▎以 3 个句子的形式进行总结

也许你觉得，上文中提到的"词语的重复效果"是不是太短了？如果要表述的内容稍微有些复杂，我们就很难用 3 个词语将其概括出来。

但是即使如此，我们也不能长篇累牍地一直说个不停，因为不管是你还是听者都不知道我们在说些什么。

在这种情况下，你要用句子替换词语。

被称为经营之神的松下幸之助也有使用 3 个句子说出的名言。

"愚蠢的经营是不可取的，贤人的经营也是不可取的，我们必须收集全员的智慧来进行经营。"

表达了"全员经营"重要性的松下幸之助认为，只凭一个优秀的领导者雷厉风行地领导员工工作是不够的，每个员工在工作时都要有自己是经营者的自觉，才能为公司带来更大的效益。

他没有将自己这个理念用复杂的形式向员工进行说明，而是选用了 3 个简短的句子传递给全体员工。

｜ 以 3 个步骤展开

想要将自己的意思准确传递给对方，并让对方展开行动，你可以顺着主旨重复 3 次你要说的话。

例如，随着公司项目的开展，你想要吸收优秀的同事共同负责这个项目，你可以这样说：

"你的想法很有趣，下次能给我们提点意见吗？"

第二次。

"你的经验很丰富，很清楚这个领域的情况。"

第三次。

"如果是你说的话，其他成员肯定会赞成的，因为你很受他们的信赖。"

这种客套话说 3 次会让对方觉得你是真心的，但是如果说到四五次时，让人听起来就像阿谀奉承。

大家一定听过三顾茅庐的故事。三国时期，蜀国的刘备三访诸葛亮出山辅佐。诸葛亮很欣赏刘备的这种态度，所以之后尽心辅佐他。

在日本也有 3 次是最正直的说法。"3"的魔法，从古至今、不分国界地存在这个地球上。

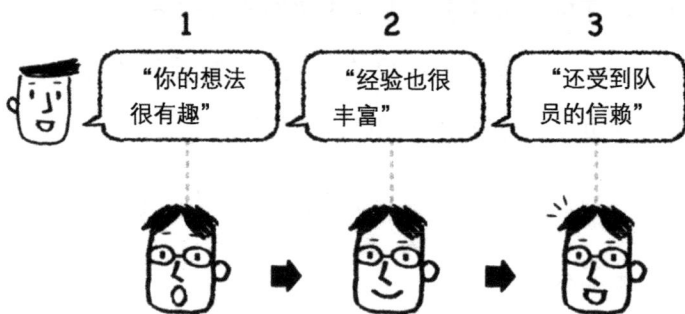

重复 3 次能够准确传递你的意思

1　　　　　2　　　　　3

"你的想法很有趣"　　"经验也很丰富"　　"还受到队员的信赖"

表扬的话重复 3 次，对方也就真的觉得是这样的

课程 31

让对方沉沦的 3 级
跳对话法

┃ 用短暂停顿创造对话节奏

在说服对方的时候，一不小心就说过头了。结果你变得非常焦躁，对话也变成了口头争论。

可是，你说得越多，与对方的距离越远。

那么，我们该怎么做呢？

最简单的，就是瞬间保持沉默。

也就是，创造"停顿"。

沉默和停顿的效果就像之前曾经提到过的，在这里我将这种使用停顿为中心进行对话的方式称为 3 级跳对话法。

也就是单足跳（Hop）—跨步跳（Step）—（蓄力）—起跳（Jump）这种 3 级跳的方式。起跳前的蓄力则相当于对话中的停顿。

这个节奏就和"站好位置……预备……（停顿）……跑"是一样的。

3 级跳对话法利用"停顿"让对方对你接下来要说的内容更加感兴趣。

▎ 像讲故事一样说话

在讲述机密话题时使用 3 级跳对话法是非常有效的，能让对方专心投入你的对话内容中。

例如，下面这样的：

"科长，您知道吗？"

如此点燃话题，这就是单足跳。

"知道什么？"

科长回应你之后，你就要跨步跳了。

"昨天我也在那边呢！"

然后，沉默。科长津津有味地等着你说下面的内容。沉默了瞬间之后，起跳。

"实际上，在宴会上社长和部长吵起来了！"

然后，科长就会"哦——"一声寻求原因了。

如果你只想传达这个事实，"昨天宴会上社长和部长吵架的事情，科长您知道吗？"这种表述就完全够了，但是使用 3 级跳对话法能让你的话语更具戏剧性。

在商业现场有很多机密的话题，特别是在需要唤起对方注意的时候，如果能够熟练使用"停顿"，你就能赢得对方的关注。

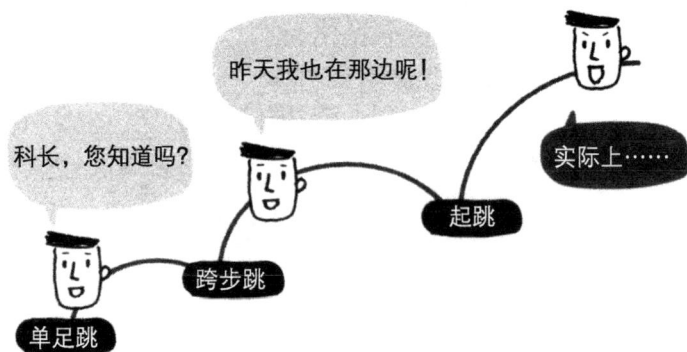

讲机密的话题时使用的对话法

昨天我也在那边呢！

科长，您知道吗？

实际上⋯⋯

起跳

跨步跳

单足跳

就像在起跳前的蓄力一样，触及核心问题时要留出停顿

课程 32

以 3 段伏笔来引对方发笑

┃ 让对方产生你会说伏笔的印象

想要将说的内容顺利传递给对方，逻辑性的思考方式是不可或缺的，但是如果想要让对方因你的话有所行动，有时我们需要抛开逻辑性。

最有代表性的就是笑了。在商业场合中，也有因被对方的幽默折服而促进商业交流进展的情况。3 段伏笔在这里就非常有效。

所谓 3 段伏笔，是指用第一段话和第二段话引导对方并决定话题的方向，然后使用第三段话打破之前的方向，制造"段差"。这在你想要强调某些内容的时候非常有效。

例如，下面这种情况。

说话的人提问："说到下酒菜，你会想到什么呢？"然后听者中的一个人说："烤鸡肉串。"然后还有人回答"腌鱼"。

听到两个答案之后，说话的人继续道：

"我的下酒菜是，吐槽上司！"

这种 3 段伏笔是从传统的话艺历史中诞生出来的，

这种表述方式在日本的综艺节目里也风靡一时。

用"3"的魔法来锻炼你的幽默细胞

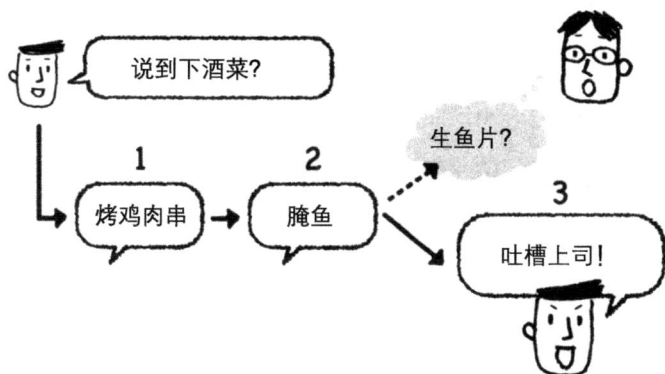

说到下酒菜?

1 烤鸡肉串 → 2 腌鱼 ⇢ 生鱼片?

3 吐槽上司!

故意用第 3 个回答引对方发笑

用这样的 3 段伏笔展开话题，可以强调第三段的内容。

不仅能让听者笑出来，还有下面这种效果。

"设备不够。"（第一段）

"想要更多资金。"（第二段）

"但是不管怎么说，我们连优秀的人才都没有。"（第三段）

┃ 引出智慧的微笑

幽默能够表现出说话者的性格和品味。强行让对方笑是一种危险的做法。想要打破冷场也不是一件容易的事情。

在商业场合中要注意的是下面这种情况：

首先要"封印"拙劣的笑话。

然后并不是让听者傻笑，而是要用与对话题目相关的内容让对方不知不觉笑出来。

课程 33

用1个坏处和2个
好处来获得信赖

用坏处引导对方思考

世间的事物，大多都有坏处和好处两个方面。就像硬币有正面和反面一样，只要有坏处就有好处。

但是有些人只会说好处。

"这件产品非常结实，因为它是使用了严选的素材制作的。由知名的工业设计师设计的这件产品确实有它的价值，而且……"

口若悬河的推销不断持续着，但是听久了听者就会厌烦。

尽量不提坏处是人之常情，但是让我们换一个角度来思考。也就是说，让我们积极地向对方展示坏处。

这样对方就会觉得你是个诚实正直的人，而且觉得你很自信。用坏处作为你的武器也能引导对方思考。

将弱点放在对方面前时真正的比赛才开始

但是，在介绍坏处的时候需要注意。

经常出现的是，在说完坏处之后没有任何辅助说明就结束话题了。

"这件产品非常结实，但是有些贵。"

如果对方这样说，你会怎么回答呢？

"我再想想吧。"说完之后就赶快走了。是不是这样呢？

想要在说出坏处之后还能让对方有想要购买的欲望，你需要把好处和坏处摆成三明治形。也就是说，先简洁地陈述好处，然后说明坏处，之后再说一个能抵消坏处的好处。

上面这个例子，就可以通过"非常结实"，但是"有些贵"，然后再加一句"但是能使用 10 年以上"来追加得分。

这样解释之后，你就会觉得这样的表述再理所当然不过了，事实上这却是大多数人的盲点。

将好处和坏处摆成三明治形

步骤一　简洁地陈述好处："非常结实。"

步骤二　陈述坏处："有些贵。"

步骤三　陈述能抵消坏处的好处："但是能使用 10 年以上。"

特意告诉对方坏处能给对方留下你诚实、公平和自信的印象

这种表述方式在下面这种情况下也能用到。

"我们公司很重视员工"→"但是工作有些困难"→"工作很有意义哦"（公司的说明会）

"他非常优秀"→"但是有些顽固"→"但正是因为他能坚持自己的信念才会如此优秀"（人才介绍）

"A 社有很高的技术支持"→"但是比其他公司的价格贵一些"→"因为公司里有很多业界屈指可数的技术人才"（选择外包公司）

课程 34

绝对不能提出的
3 种问题

| 让对方感觉羞耻的问题

通常，说话的人和听者在对话时是在进行提问和回答的循环。

听者也会对说话的人提出疑问和反驳。说话的人通过向听者提问，可以知道对方现在在想什么，以及他现在掌握了什么样的信息。

此外，提问还能让对方集中注意力，这也是在课程22 里提到的动摇对方的一种手段。

因此，提问对说话的人和听者来说都是很重要的交流手段。可是如果使用了错误的提问方式，就会带来很严重的后果。

最典型的就是下面这种情况：

"你知道……吗？""你听说过……吗？"

一眼看去并不是什么奇怪的问题。我们在日常生活中也经常使用这种问句。

但是询问对方知识存储量的场合有些不同。如果对方不知道你问的问题，就会感觉非常羞耻。如果非要知道对方知识存储量的话，你就要在对话方式上下功夫。

例如，将"一般很少有人知道的……"放在最开始说。

不管怎么说，都不要毫无目的地在无意识下提出失礼的问题。

┃ 展现自己愚蠢的问题

询问过于低水平的问题会让对方看到你的愚蠢。

"昨天的世界杯看了吗？"

如果你和对方关系很好，也都是球迷，那么用这句话开场也不失为一种办法。

但是如果并没有这些前置条件，你这句话就毫无意义了。

此外，询问对方众所周知的事情也会让对方不开心。不仅因为对方懒得回答你这种问题，而且说明了你在这种简单问题上心存疑惑。

例如，在交换名片时你再加上一句"您是社长哦"，就会给人一种你想要拍马屁的感觉。

其实越往深究，提问的方式越深奥。提问的技巧并

不是那么容易就能掌握的。你至少要记住，不要向对方

提出与对方收获无关的问题。

与对方收获无关的提问是被禁止的

1 询问对方知识储备的问题
例如，"你知道……吗？"

┈┈┈┈➤ 如果不知道，就感到很羞耻

2 与对话主题不相关的问题
例如，"看昨天的世界杯了吗？"

┈┈┈┈➤ 只是扯闲话而已

3 询问大家都知道的事情
例如，"您是社长哦？"

┈┈┈┈➤ 感觉你只是想拍马屁

提问的方式会让对方对你进行评价

课程 35

为了展现出临场感而必备的 3 个要素

听者是否有临场感在很大程度上左右了他们的反应。

请大家对比下面两种说话的方式。这是模拟了员工向上司汇报销售报告的场景。

A："昨天我和×面谈的时候，因为我们的估算和对方的期望值差得有点多，所以商谈失败了，对不起。"

B："昨天我和×面谈，知道了我们的估算和对方的期望值相差甚远。如果能降低5%，可能会拿下这份合同。结果商谈失败了，我也非常懊悔，对不起。"

大概 B 更能博得上司的好感。

没有任何辩解的 A，也可以说表述得简洁干练，但是他只讲述了事实，很难获得其他人的共鸣。

而 B 不仅传递了事实，还将事情发生时自己的想法、感受也告诉了对方。

实际上，这就是创造对话临场感的方法。

提到"创造临场感"，你也许会以为是使用细致的情景描写让对方产生联想。但不只是你看到的事物，将思考和感受传递给对方也是非常有效的。

带着临场感让对方接受你的意见

1 表述你的行动
表述你实际上做了什么

2 表述你的想法
表述你是怎样思考的

3 表述你的感情
表述你当时的心情

只传递事实很难打动对方

课程 36

用 3 段论法解决难题

▍商业人士的最终武器

在商谈现场经常会出现气氛一下子变得十分紧张的情况。在强大的对手面前，你会感觉自己的身体都僵硬了。

但是善于进行商业谈判的人，都能让自己从这种氛围中挣脱出来。他们会使用提前想好的策略，来使自己摆脱困境。

例如，有一位想要推销自己公司产品而去客户公司拜访的销售员。会议室里聚集了老练的专业买家，上到主管下到新进员工都参与了这次会议。

"本来就是客场作战，这下子感觉气氛更凝重了。"

这一天商谈的价格也早就大致决定好了，销售员只好在这种隐隐感到危机的氛围中想方设法摆脱困境。

他一咬牙下了决心。

▍奇迹的逆转剧

有一种叫"舍身 3 段论法"的对话法，如其名，是一种风险性很高的对话方式。

销售员在打完招呼，即将开始进入正题之前，先对听者进行了一次攻击。

"大家是不是都觉得我们公司的产品太贵了呢？"

想象不到的开头让对方藏不住惊讶。坐在会议桌旁的他们面面相觑，但是不知道该怎么回应。

以这个瞬间的沉默为目标，销售员放出了他的第二支箭。

"如果大家都这样认为的话，我下面要说的事情就毫无意义了。"

说完之后，会议室的气氛变得非常紧张。

从直接负责人的专业买家到主管和新员工，每个人眼里都显露出了他们的动摇。然后，销售员稍微停了一下，用缓慢而清晰的语调说道：

"虽然如此，却不断有国内乃至国外的各大企业来询问我们的商品情况……"

这样的对话技巧适用于困难度较高的交涉场景。但是想要用好这个技巧，必须经过长期的练习并做好失败

164

的准备。如果能在商业交涉的现场堂堂正正地使用这个方法，就能产生很大的效果。

用否定来吸引对方的注意力

步骤一 先说出对方消极的成见
例如，"大家是不是觉得……"

步骤二 然后突然警醒对方
例如，"如果大家都这样认为的话，我下面要说的事情就毫无意义了。"

步骤三 在对方冷静下来后再开始说
例如，"虽然如此……"

**说了"毫无意义""没有什么用""没意思"
之后对方可能会更感兴趣**

课程 **37**

用 3 个步骤道歉，
容易被原谅

半吊子的道歉会产生反效果

有句话叫"事不过三"。

它有着无论怎样稳重的人，若屡次触犯也会动怒的意思。而谢罪中也蕴藏着魔法数字"3"的力量。

想要获得对方的原谅，你必须按照 3 个步骤来道歉。

在上文中已经介绍了很多"3"的魔法的应用方式，在本书的最后我想向大家介绍一下使用"3"的魔法来道歉的方法。因为道歉的时候，我们必须将自己的真心实意传递给对方。

所谓的道歉到底是什么呢？

道歉有很多解释，但大多数人都是为了不做出补偿和不被惩罚才道歉的。

嘴上说句"对不起"就能被无罪赦免，听起来非常"任性"。换句话说，道歉就是免罪符。

有时我们会听到下面这样的话，也是因为大家都觉得道歉就是免罪符。

"我不是道歉了吗？"

"你以为道歉了就没事了！"

半吊子的道歉会让对方更生气。

将 3 个步骤整合好

那么，我们该怎么道歉呢？

原则就是，3 回合道歉法。道歉到第四次和第五次只会让人觉得厌烦。

具体来说，首先为自己的过失道歉。

"这次真是对不住了。"

用这种基本的道歉句型，结合当时的具体情况进行道歉。

然后描述对方受到的损失。有很多人都忽视这一部分，描述得非常粗略。但是接受道歉的人不会忽视你的遗漏。

"只知道说'对不起'，你知道你在为什么道歉吗？你其实只是口头上随便说说吧？"会这样为你的态度生气的人也不在少数。

因此，你要以事实为基础，慎重道歉。例如，像下面这样：

"交货延迟，让你们的销售遭受了极大的损失。"

最后说出出现过失的原因和对应方案。

不要撒谎，也不要有所隐瞒，展现你的诚意。

"在产品检查的时候浪费了时间。我们会尽快改变体制，保证以后不再出现这种情况。"

如果出现过失的原因并不能很快就分辨出来，你也要将你的意思说到，告诉对方今后还会向他们报告调查的具体情况。

让对方接受道歉的 3 个步骤

步骤一 为自己的过失道歉
例如，"这次真是对不住了。"

步骤二 描述对方受到的损失
例如，"交货延迟，让你们的销售遭受了极大的损失。"

步骤三 说出出现过失的原因和对应方案
例如，"在产品检查的时候浪费了时间。我们会尽快改变体制，保证以后不再出现这种情况。"

**展现出你充分认识到对方受到损害的姿态
是非常重要的**

结语

只要用"3"来
思考，就能变成
有能力的人

▎ 改变语言，发散思维，深化思考

"原本冷淡的人也会认真听我说话了!"

"复杂的内容也能顺利传递给对方了!"

"不怎么合作的人也会自己展开行动了!"

实践 "3" 的法则之后，周围人就立刻产生了变化。因为你的表达方式变得自然而有逻辑，还非常干净利落。

但是请不要认为自己的表达方式一下子就变好了。你并不是突然就变成口若悬河的辩论者了。

你通过 "3" 的法则让对方清晰地看到了你心中的诚实和真挚，因此周围人才会对你有很高的评价。

本书教你的并不是一些对话的小技巧，而是希望你能掌握与他人交流时最重要的基本技巧——"魔法数字'3'"。

此外，还有一点很重要，就是改变语言就能扩展想象空间、挖掘思考深度。

例如，说一些逻辑性强的话题，不能出现话题的遗漏和疏忽，因此我们必须扩展想象空间、挖掘思考深度。

用"3"的法则表达就能让周围人立刻产生反应

"3"的法则

倾听

理解

行动

□○●△×○△□

用"3"的法则建立"语言—想象—思考"的循环

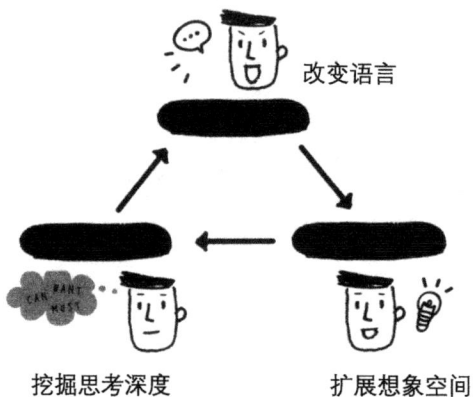

改变语言

挖掘思考深度

扩展想象空间

实践"3"的法则就能改变思考的方式

说话的方式和思考的方式是表里一体的。换句话说，擅长说话的人一定就是擅长思考的人。

而这类人大多都一直带着"3"的意识整理自己脑中的信息。

愿你也能自由地使用魔法数字"3"，成为商业交流的达人。

结 构 思 考 力 学 院
思 维 类 版 权 课 程 提 供 商

结构思考力学院隶属于北京思考力管理咨询有限公司，是思维类版权课程提供商，专注于结构思考力®系列版权课程的开发与运营，通过赋能全国企业培训机构，为企业提供以结构思考力®为核心的企业沟通效率，以提升整体培训方案。

学院目前拥有6门自主研发的结构思考力®系列版权课程，出版专业书籍12本，全职讲师30位，年排课量3000多天。从2014年成立至今，课程已经累计覆盖全国28个省和地区，长期稳定合作培训机构1500家，累计服务企业3478家，其中500强企业314家，线上学员超200万人，线下学员超20万人，是国内交付量最高的思维类版权课程提供商。

结构思考力学院在培训咨询领域的出色表现，获得了业界的广泛关注和一致赞誉，被培训杂志评为"2014—2015年度中国企业培训行业品牌机构"、"2016—2017年度卓越培训服务机构"、新华报业传媒集团《培训》杂志理事会常务理事单位等奖项。结构思考力®系列版权课程多次获得"中国企业培训行业优秀品牌课程"，同时也是业内少数同时获得中国商标局注册商标和国家知识产权局备案版权登记的本土化版权课程。

结构思考力学院致力于成为一家值得信赖并受尊重的思维教育商学院，并遵循专注、诚信、创新、精进的价值理念，以改善国人思维、提升企业沟通效率为使命而努力奋斗。

结 构 思 考 力® 系 列 版 权 课 程
结构思考力®系列版权课程
改善国人思维，提升企业沟通效率

结构思考力 —— 思考更清晰 表达更有力 ——	《**结构思考力®透过结构看思考表达**》 《**结构思考力®透过结构看问题解决**》
结构对话力	《**结构对话力™解决无效沟通的交互式对话法**》
结构萃取力	《**结构萃取力™BEST高能经验萃取**》 《**结构萃取力™FAST高效课程开发**》 《**结构萃取力™SUPER演绎高手**》

结构思考力®系列课程收益

　　结构思考力系列版权课程，通过对认知结构的剖析、整理和重建，帮助员工跳出固有认知和经验的框架，从更广的范围及视角培养会思考、善沟通、快速解决问题的优秀思维方式，同时，为企业的经验沉淀，文化传承输入科学高效的方法，让组织智慧变成企业资产，为绩效提升贡献力量。

　　学会体系内课程后，可以有效地应用于思考表达、商务沟通、问题解决、经验萃取等领域。如果全员普及，则更可以通过构建统一的思维和语言标准提升整个组织的沟通效率，传承企业文化。

组织收益	改善员工思维，提升组织沟通效率，增强绩效达成能力

- 沟通效率提升：在组织内部建立彼此交流时统一的思维和语言平台，提高团队合作及企业沟通效率。
- 组织传承落地：将优秀经验转化为绩效成果，纵向传承，横向传播，让组织智慧成为企业资产。
- 公司形象提升：对外沟通时，给客户及商业伙伴留下良好的印象，提升形象，树立品牌。

个人收益	深度思考，清晰表达，高效沟通，解决问题

- 思考表达能力提升：理解结构思考力的核心理念，能清晰而全面且有条理地进行思考和表达。
- 商务沟通能力提升：职场沟通时，观点更明确，结构更严密，互动更有效，并能快速实现目标。
- 问题解决能力提升：在短时间内找出问题的具体原因，并制定有效的解决方案，执行到位。

结构思考力学院
STRUCTURE THINKING COLLEGE

思维类版权课程提供商

引进结构思考力®的企业（部分）

银 行	中国银行 BANK OF CHINA · 中国农业银行 AGRICULTURAL BANK OF CHINA · 中国建设银行 China Construction Bank · 中国工商银行 INDUSTRIAL AND COMMERCIAL BANK OF CHINA · 中国民生银行 CHINA MINSHENG BANK · 招商银行 CHINA MERCHANTS BANK · 中信银行 CHINA CITIC BANK · 浙商银行 · Bank 中国光大银行 CHINA EVERBRIGHT BANK · 潍坊银行 BANK OF WEIFANG · 宁波银行 BANK OF NINGBO · 廊坊银行 BANK OF LANGFANG
保险证券	泰康人寿 TAIKANG LIFE · 中国人寿 · 华泰保险 Huatai Insurance · 中国平安 PING AN · 中华保险 · 阳光保险集团 Sunshine Insurance Group · 广发证券 GF SECURITIES · 国信证券 · 华金证券 Huajin Securities · 华西证券 HUAXI SECURITIES · 中信建投证券 CHINA SECURITIES · 招商信诺 SIGNA & CMC
化工医疗	AstraZeneca 阿斯利康 · 西安杨森 · 三九集团 · 中国医药集团 · esaote 意大利百胜医疗 · 广东东阳光 · BIOSTIME 合生元 · HEALIFE
运输旅游	BGIA · AIR CHINA 中国国际航空公司 · MIAT · 山东航空公司 · 中国外运 SINOTRANS · 首旅集团 BEIJING TOURISM GROUP · 珠海机场 · 中国铁建
地 产	万科 · 万达集团 WANDA GROUP · 招商蛇口 · 碧桂园 · OCT 华侨城 · 卓越集团 · 华润置地 · 嘉里控股 FUTURE HOLDINGS · 中洲集团 · 建发集团 · 腾邦国际 · 中航物业
能源电力	国家电网 STATE GRID · 中广核 CGN 善用自然的能量 · 中国石化 SINOPEC · 中国中化集团公司 SINOCHEM GROUP · 中国海油 CNOOC · 云南能投
工业制造	Ford · Hyundai · POVOS 奔腾 · VW · Audi · 东风乘用车 · 上汽集团 SAIC MOTOR · 东风汽车公司 DONGFENG MOTOR CORPORATION · ABB · 三菱电机 MITSUBISHI ELECTRIC · Honda · MOOG · IVECO · 中国船舶工业集团公司 CSSC · DELIXI · CSR
IT互联网	Bai 百度 · 网易 NETEASE www.163.com · YOUKU 优酷 · JD.COM 京东 · Qunar.Com · 大众点评 · 丁香园 · IGT · 口碑文在线 · Neusoft 东软 · TE · 中国电信 CHINA TELECOM · 中国移动 China Mobile · China unicom 中国联通 · HUAWEI
通信家电	HITACHI · TCL · 美的 Midea · Haier · Canon · EPSON · KONKA 康佳 · OPPO · Angel 安吉尔 · SUPOR 苏泊尔 · Skyworth 创维 · FOTILE 方太
贸易零售	中粮 COFCO · 蒙牛 · 伊利 · 特步 · ITAT 上海日泰 · ERAL 艾莱依 · 周大福 · 燕京啤酒 YANJING BEER · 中国烟草 CHINA TOBACCO · SEALSTARS · 中国进出口商品交易会 CHINA IMPORT AND EXPORT FAIR · 红星·美凯龙 MACALLINE
教育文化	清华大学 Tsinghua University · 同济大学 TONGJI UNIVERSITY · 中国人民大学 · 中国石油大学 · 上海广视台 · 新华文轩 · 香港科技大学 THE HONG KONG UNIVERSITY OF SCIENCE AND TECHNOLOGY

结构思考力®系列丛书

结构
思考力

STRUCTURE THINKING

电子工业出版社

透过
结构
看世界

电子工业出版社

扫一扫，透过结构看世界！

北京思考力管理咨询有限公司

课程咨询：010-56287628

渠道加盟：010-67762339

www.jgskl.com

反侵权盗版声明

　　电子工业出版社依法对本作品享有专有出版权。任何未经权利人书面许可，复制、销售或通过信息网络传播本作品的行为；歪曲、篡改、剽窃本作品的行为，均违反《中华人民共和国著作权法》，其行为人应承担相应的民事责任和行政责任，构成犯罪的，将被依法追究刑事责任。

　　为了维护市场秩序，保护权利人的合法权益，我社将依法查处和打击侵权盗版的单位和个人。欢迎社会各界人士积极举报侵权盗版行为，本社将奖励举报有功人员，并保证举报人的信息不被泄露。

举报电话：（010）88254396；（010）88258888

传　　真：（010）88254397

E-mail：　dbqq@phei.com.cn

通信地址：北京市万寿路 173 信箱

　　　　　电子工业出版社总编办公室

邮　　编：100036